世界に広がる
沖縄SOBA

平川宗隆 著

Okinawa SOBA
Spread to the world

Ramen & Izakaya Ryoji
トロント
TORONTO
Sun Noodle New Jersey
ニュージャージー
NEW JERSEY
Ramen Lab
ニューヨーク
NEW YORK
Palace Saimin
ハワイ
HAWAII
CAPITAL SOBARIA
CAPITAL SOBARIA
カンポグランデ
CAMPO GRANDE
coffee
コロニアオキナワ
COLONIA OKINAWA
Bolivian SOBA Fideos Okinawa
Restaurante Okinawa
サンパウロ
SÃO PAULO

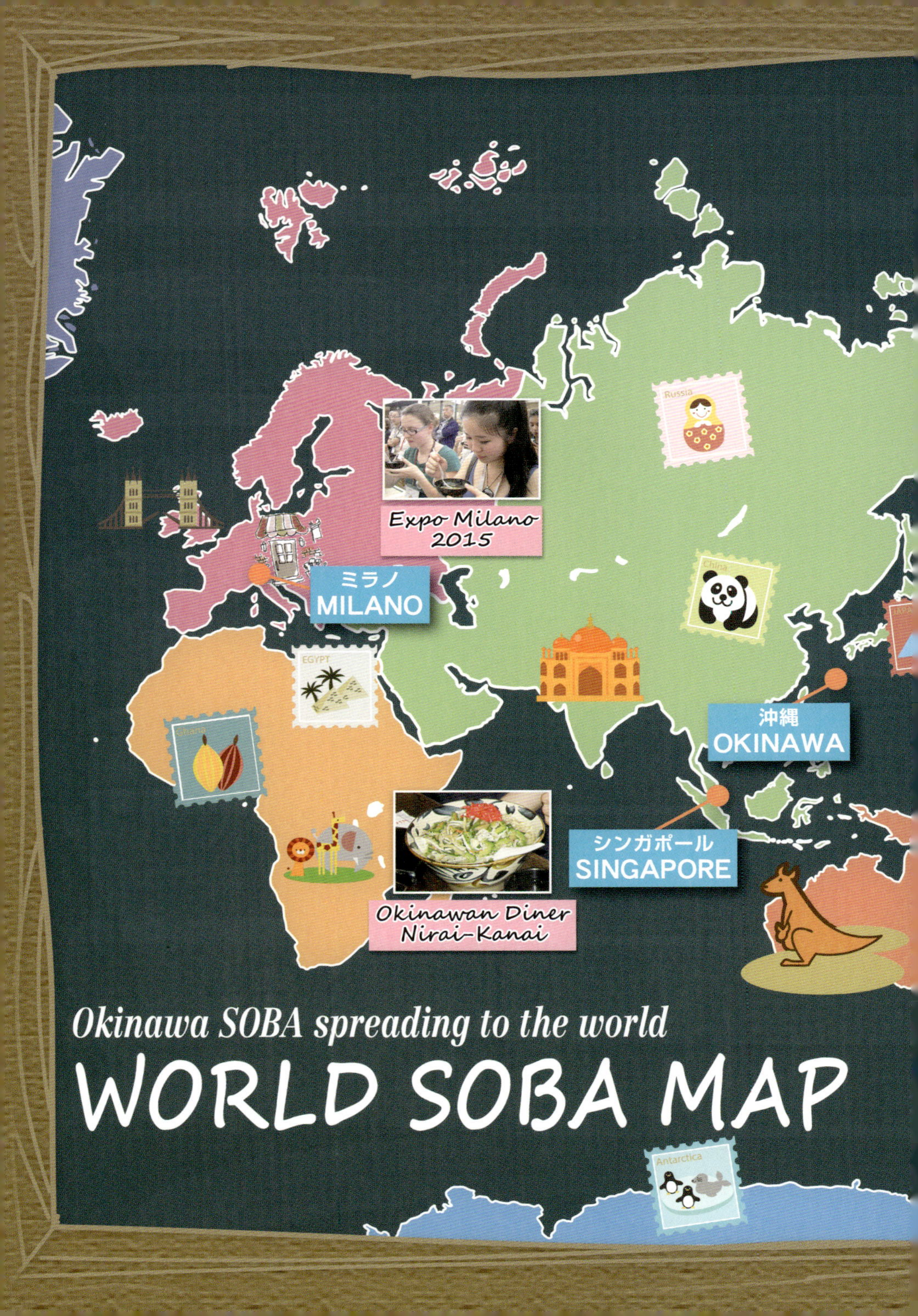

Russia
Expo Milano 2015
ミラノ
MILANO
China
EGYPT
沖縄
OKINAWA
シンガポール
SINGAPORE
Okinawan Diner Nirai-Kanai
Okinawa SOBA spreading to the world
WORLD SOBA MAP
Antarctica

はじめに

一九〇八年、新天地を求めて笠戸丸（かさとまる）でブラジルへ渡った最初の移民は約八〇〇人であったが、その四割にあたる三二五人がウチナーンチュであった。いかに沖縄からの移民が多かったか一目瞭然である。

未開の地に旅立つ息子らに、家族からは「モウキティクーヨー、ティガメーアトゥカラ、ジンカラルサチドー（儲けてきなさいよ、手紙は後からでいいから、お金がさきだよ）」と声をかけたエピソードはその時代を反映している。

移住者たちはろくな家財道具もなかったが、シンメーナービ（大鍋）をしっかりと抱え、約二カ月に及ぶ長い航海を経て、笠戸丸はブラジルのサントス港へ着いた。そう、このシンメーナービこそが沖縄そば、豆腐、サーターアンダギーなどの沖縄の食文化を南米へ根付かせ、拡げた大切な道具である。が、道具は持ち込んだものの行きついた先で、食べ慣れたものと同じ食材があるとは限らない。今日ではスーパーへ行けば日本食の材料は容易に手に入るが、一世紀以上も前の海外では、味噌や醤油、カツオ節や海苔などはほとんど望むべきものではなかった。

しかし、脳と舌にインプットされた食べ物の味はそう簡単には拭い去ることはできない。移住地での苦しい生活の中で一番の楽しみは食事であったが、経済的にも時間的にも欲しいものをいつでも食べられる環境ではなかった、そこでハレの日にはそばを打ち、豆腐を作り、サーターアンダギーを揚げてフラストレーションの解消に努めた。

世はグルメブーム、食をテーマにしたテレビ番組は多い。江戸前寿司が海外でとんでもない形や味に変化し、原形をとどめない食べ物になっていることに衝撃を受けた方も多いと思うが、日本人ほど外国の食べ物を和風にアレンジして食べている人種も珍しい。カレーはインドの食べ物であるが、日本で独自の変化を遂げてきた。イタリアのパスタも本場にはないケチャップで味付けしたナポリタンが日本で作られた。

移民とともに沖縄そばが海を渡り、南米各地やハワイで二世や三世のみならず、現地の人たちに広く受け入れられている。

例えば、ブラジル・カンポグランデで、当初、ウチナーンチュが作って売り出した沖縄そばは、いわゆる木灰そばだったが、現在では木灰の代わりに鶏卵を用いて旨味とコシを出している。また、当地では豚肉よりも牛肉が好まれることから、豚骨に代わり牛骨を使用している。具も豚肉ではなく牛肉が用いられている。現地人が肉を甘く煮付けることに難色を示すので醤油味の単味になっている。概して、スープも鹹《しおから》めであるが、全体としては間違いなく沖縄そばである。食の移動は移住先で郷土と同じものが手に入らなくても、その元になる食べ物の原形はとどめていることが求められる。

沖縄そばから沖縄ＳＯＢＡへ

日本の伝統的な寿司が「ＳＵＳＨＩ」として、また、ラーメンも「ＲＡＭＥＮ」として、さらに、和牛が「ＷＡＧＹＵ」として世界へ羽ばたいていった。

ブラジル・マットグロッソ州・カンポグランデ市では、移民として渡ったウチナーンチュたちが、自分たちで食べるためにバラッカ（屋台）で売り出した沖縄ＳＯＢＡが、美味しいと評判を呼び、次第に現地の人々にも受け入れられるようになってきた。今や同市で沖縄ＳＯＢＡを食べる割合は沖縄県系人よりも現地の人たちが多く食べているという。小さな食堂やカフェ、カラオケ店でも沖縄ＳＯＢＡは人気のアイテムだ。

カンポグランデ市では沖縄ＳＯＢＡが市の「食の文化遺産」として認定され、毎年、八月には市の一大イベントとして「ＳＯＢＡフェスティバル」が開催され、ブラジル全土から、沖縄ＳＯＢＡを食べに集まってくる。また、隣国ボリビアのコロニア・沖縄でも祭りには本格的な沖縄ＳＯＢＡが飛ぶように売られている。

ハワイでは、毎年九月第一週の土、日に行われる「沖縄フェスティバル」において、ＯＫＩＮＡＷＡ ＳＯＢＡが二日間で一万食も消費されるというからすさまじい。

カナダ・トロントの居酒屋「ＲＹＯＪＩ」では、沖縄そばとソーキそばを提供しているが、沖縄県出身者はもとより、カナダっ子も器用に箸を使って、それをすすっている。

また、シンガポールの居酒屋ニライ・カナイでも、沖縄そばやソーキそばが、売り上げの上位にランクされている。麺にはうるさい中国系シンガポール人に受け入れられていることは、これから世界へ羽ばたいていく沖縄そばの未来にとって明るい材料と言える。

このように南米やハワイ、東南アジアにおける沖縄そばは、概して評判がよい。今はラーメンブームの後塵を拝しているが、近い将来、沖縄そばが、「ＯＫＩＮＡＷＡ ＳＯＢＡ」として、羽ばたいていくことに期待を込め、この小冊のタイトルを「世界に広がる沖縄ＳＯＢＡ」とした。

沖縄そばが海を渡り世界へ拡がっていった、その歴史と現状を紹介した本書が、そばジョーグーたちの知識を増やすための美味しい一杯、否、一冊になれば望外の喜びである。

平成三十年五月吉日

平川宗隆

目次

序　章　沖縄そばのルーツ

Roots of Okinawa soba

写真上：牧志公設市場、沖縄そば
の提灯

写真下：首里城、沖縄そば

一　沖縄そばのルーツ

麺の発祥の地は中国といわれている。各地にはさまざまな麺が存在し、これを列挙するだけでも一冊の本が出来上がるほどである。琉球の海外交易は中国が主な相手国であり、冊封・進貢という外交的な関係の下で一三七二年から一八七九年までの約五〇〇年にわたり展開されてきたが、その当時、中国側の制度上の都合により、琉球人の渡航先は福建省に限られていたため、琉球人が学んだ多くは福建文化であった。

また、福建省から琉球に移住した久米三十六姓らが伝えた中国文化は貿易品のみならず風俗・習慣や食文化に及ぼした影響は計り知れないほど大きい。当然、麺文化も福建省の影響を

麺発祥の地中国とその周辺

受けないはずはない。

歴史に〝もしも〟ということはあり得ないが、もし長きにわたり福建省以外の省と交易をしていたならば、ウチナーンチュのソウルフードとも呼ばれる沖縄そばは、現在のそれとはまったく異なったそばになっていたと思われる。

とはいっても著者自身中国全土の麺を全て啜《すす》ってきたわけではない。むしろほんの一部分にしか過ぎない。興味がある方は拙著『Dr.平川の沖縄アジア麺喰い紀行』（楽園計画）を参照していただきたい。

その一部を紹介すると木灰そばは福建省にも存在した。また、麺を湯がいた後にラードをまぶす方法も福建麺と全く同様である。しかしながら福建麺のスープは主としてトリガラを使っているが、琉球では豚骨になっている。琉球はニワトリを食べない地域であり、手に入っても数が少なく高価だったことがその理由である。

長崎チャンポンと沖縄そば

明治四十年十一月二十日の琉球新報に、『「観海楼」の開業に伴い福建省出身のコックを雇い入れたので来店を乞う』旨の広告が掲載されているが、それには「支那そば」と記されており、沖縄そばのルーツは福建省とつながっていることが示唆される。

話はわきにそれるが、長崎チャンポンは長崎市内の「四海楼《しかいろう》」の創設者陳平順氏によって作られたものである。平順は一八九二（明治二十五）年に福建省から来日し、七年後の明治三十二年に「四海楼」を開設している。平順は長崎在住の中国人留学生のために、豚骨と地元で採れた魚介類をふんだんに使ったコクのあるスープに、「唐灰汁《とうあく》」で捏《こ》ねたコシの強い麺をあわせ、ボリュームがあり、栄養価が高く、しかも安価な麺料理を考案した。これが後のチャンポンで、長崎生まれ長崎育ちのわが国初の中華麺である。

当時のチャンポンの麺は、木灰を一晩水に浸漬《しんせき》して得られる上澄み液の「唐灰汁」（沖縄そばの木灰汁と同じ）を使っていた。木灰汁を使って打つ麺は著者が調査するまでは沖縄そばだけと考えられていたが、福建省から来日した中国人が沖縄そばと同様な方法で麺作りをしていたことが判明した。

このように、長崎と沖縄双方で福建省出身のコックにより、木灰汁を使ってコシのある麺を打ち、トリガラの代用に豚骨を使用し、それに沖縄ではカツオ節、長崎では魚介類を加え、新しいスープを考案した。ほぼ同時期に長崎と沖縄双方のコックが連絡を取り合ったのか、偶然なのか定かではないが、豚骨に海の味をプラスした発想は大変興味深い出来ごとである。

粉湯とは

琉球の尚真王が亡くなって後、尚清王の即位のため一五三四年に来琉した冊封使・陳侃《ちんかん》による「使琉球録」に、崇元寺で行われた先王の尚真王を祀る論祭に、「粉湯《フェンタン》」が供されたことが記されている。これが沖縄そばのルーツではないかと期待を込めていわれている。粉湯とは小麦粉の麺をスープに入れた料理とされるが、この説には賛否両論がある。

著者は否定派である。その理由として、中国で麺とは、沖縄そば、うどん、ラーメン、チャンポン、餃子、シュウマイ、ヒラヤーチーなど小麦粉を原料とした製品をすべて麺（ミェン）と称し、粉とは米粉製のビーフンやフォー、トウモロコシ麺や蕎麦などの小麦以外の粉でできた麺状のものでも粉（フェン）と称していること。湯（タン）とはスープのことであり、粉湯（フェンタン）とは小麦粉製品以外の粉でできた麺状のもの浮かべたスープだと考えているからである。麺の場合は担々麺のように〇〇麺と表示されるからわかりやすい。

二〇一七年十一月、敦煌で投宿したホテルの朝食に「羊肉粉湯」

羊肉粉湯の表示がまぶしい

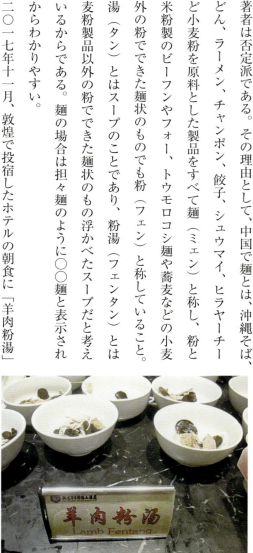

が準備されていた。羊のスープに緑豆製のハルサメの麺と羊肉の細切れが二、三切れ載っているスープであった。

西安や敦煌市内の食堂でも朝食にはよく食べられているようである。あっさりした味で胃の粘膜には優しそうな味だった。永い間、沖縄そばのルーツとして期待を一身に集めてきた「粉湯」は一朝にしてもろくも氷解してしまった。冊封使の中に敦煌出身のコックがいた可能性は大である。

庶民の贅沢「すば」「支那そば」

現在の沖縄そばにつながる麺料理が登場するのは明治期の那覇や名護。明治中期の那覇には中国人が経営していた「唐人そば」があり、そこで修行した比嘉さんという方が明治四十年ごろ「べーラー」という店を開設した。麺に卵入りのヒラヤーチーを載せ、人気を博したという。その後那覇には「森そば」「井筒屋」「三角屋」などのそば屋ができる。

中でも「ウシウンマーそば」はかまぼこや紅ショウガのトッピングで人気店となった。その頃のそばのスープは醤油主体の黒っぽいダシだったが、大正期に入ると「ゆたか屋」によるダシの革命が起こる。それまでの醤油ベースの黒っぽいスープから塩ベースの薄茶色に変わったのである。ところがどうして「ゆたか屋」のスープは淡い色になるのかしばらく謎だったらしい。

当時のそばは、単に「すば」とか「支那そば」と呼ばれていたが、支那そばの呼称については警察当局から使用を戒める指導があったようである。当時、蕎麦は大和商人により販売されており、すばや支那そばは小麦粉製の現在の沖縄そばであったと考えられている。

昭和に入ると製麺機が導入され大量生産が可能となり、辻あたりを中心に大衆食堂でもそばが食べられるようになったが、一九四一年に勃発した太平洋戦争により、沖縄は戦場と化し、艦砲射撃により那覇市内はもとより県内各地は焼け野原となった。

勝利した米軍は多くの土地を強制収容し、基地の建設を推し進めた。土地を奪われたウチナーンチュは食い扶ちを求めて南米、北米、ハワイや南洋群島などへ移住した。サイパンやテニアンといった旧南洋群島には何軒かのそば屋があり、ウチナーンチュは移民先でもそばを食べた。「鉢嶺そば屋の肉は旨い」と評判を呼ぶ店もあった。

これから進める『世界へ拡がる沖縄そば』の序章はここを起点としている。

戦後の沖縄ソバの復活と普及

太平洋戦争で灰じんと化した沖縄は時とともに次第に落ち着きを取り戻し、かつてのそば屋を再開する動きも出てきた。沖縄戦で夫を亡くした女性が現金収入のために始めた首里の「さくら屋」のようなケースもあったようだが、沖縄そばの復活の原動力となったのは、戦争難民の収容所だったと言われている。その理由として、そこでは米国製の小麦粉が配給されていたからである。小麦粉をいかに美味しく食べるかの工夫からそばが作られたのである。このことについては一九四六年十二月二十七日のうるま新報に興味深いことが掲載されている。

米本土からの米の輸入に就き将来見込むことは既報の通りであるが、米に代替する主食料として米国産小麦一〇〇〇万ポンド（七五〇〇万斤）が那覇港に入荷、目下陸揚げを終えて各地区倉庫に輸送を急いでおり知念の倉庫の如きは昼夜兼行の搬入に嬉しい悲鳴をあげて入荷整理に忙殺されている。一二月一七日軍政府政治部長レイトン中佐は右の小麦入荷に就き次の如く細かい心遣いをもって志喜屋知事を通じて一般に注意している。

米国及び欧州では東洋に於ける如くに主食料として米は一般に使用されておらず、従って将来とも米の輸入は見透しがつかぬ。今般輸入の小麦に就いてはその炊きかた、料理法に就き工夫研究をなして、小麦に慣れぬ住民のために指導し且周知に努めよ。

なお民政府商務部では先に輸入食料品に就き料理講習をなしたが、今般の小麦入荷を機に炊き方料理法の講習会を開き一般食生活の啓蒙に乗りだす筈。

米が手に入らないから、その代用として小麦を送る。住民はその食べ方を知らないので料理法を教えなさい、というわけだが、沖縄県民は賢くもそれを麺にしたのである。いわば最良の食べ方を考えついたのである。ただ、この小麦粉が今でいう天ぷら用の薄力粉か、そば用の強力粉か、この辺はわからない。食糧難につき、口に入れば何でもよかった時代のことゆえ細かいことに文句はなかったはずであるが。

話を元に戻そう。住民の間では本土から製麺機を取り寄せるほどだったらしく。沖縄そばは戦後間もなく急速に庶民の間に拡がって行ったようである。昭和三十年代になって製麺技術の向上が見られ、それに伴って製麺所が各地に誕生していった。

昭和二十年生まれの私たちは、三十年代半ばは生意気盛りの中学生の頃だ。親から一ドルの小遣いをもらって、バスでコザから那覇へ行き、映画を見てそばを食べて帰ってくるのが最大の楽しみだった。あの頃のそばはとても美味しかった記憶がある。

沖縄ソバの名称

毎年、十月十七日は「沖縄そばの日」に制定されている。その経緯について㈱サン食品会長の土肥健一氏が大きく関わっている。土肥氏は熊本県出身で、復帰前から沖縄に移り住み、麺の開発・製造に情熱を注いできた方である。私はひそかに「ミスター沖縄そば」と呼び尊敬している。

一九七六年、沖縄そばは公正取引委員会から「〝そば〟と呼ぶには規約違反」というクレームがつけられた。蕎麦粉を三割以上使うものが「そば」と全国生麺公正取引規約で定められているからである。これに従えば、一〇〇％小麦粉で作られる沖縄そばは「沖縄ラーメン」になってしまう。そのことに強い危機感を持って立ち上がったのが、当時、沖縄生麺協同組合の組合長だった𡈽肥氏だった。しかし現実は厳しく「沖縄そばの名前を守ろう」の呼び掛けにも周囲の反応は冷ややかであきらめムードが強かったという。県庁の担当者に相談しても「止めた方がいい」と一蹴される始末であった。仲間のそば職人でさえも「規則だったらしょうがないじゃないか」といい、胸の内では不満を持っていても、行動する人はいなかった。𡈽肥氏は続けて「当時の県民は、県庁職員を含め日本政府に対し、ものが言えない鬱屈した気持ちをもっていたのではないか」と話す。しかし、𡈽肥氏はこのような中にあってもへこたれる人ではなかった。「よし!!　一人でもやってやる」と逆に自分を奮い立たせるのであった。

朝、自宅でゆでた麺、具、スープを持って東京行の飛行機に飛び乗る。行く先は当時の「食糧庁」だ。そして担当者を捉《つか》ま

パレット久茂地前で開催された「第１回沖縄そばの日」のキャンペーン風景（1997 年 10 月 17 日）

え、「これが沖縄そばだ。食べてみてくれ」とドンブリを突きつけたが、数時間も前に作った麺が美味しいはずはない。味見をしたほとんどの職員からは「美味しくない」「まずい」という反応が返ってくる。それでも土肥氏は一歩も引くことなく「あなたの故郷の食べ物は、故郷で食べるのが一番旨いはずだ。ぜひ沖縄で食べてほしい」と説得し、根負けした担当者を沖縄へ連れて帰ることもあった。このような努力の結果、土肥氏の執念は二年後に実ることとなった。一九七八年十月十七日、生麺の表示に関する公正競争施工規則に追加認定され「本場・沖縄そば」と登録されたのである。このことについて、土肥氏は「言葉では言い表せないほど感動した。〝戸籍〟が認められたような感じだった」という。

沖縄そばの名称の変遷

沖縄そばは元々単に「すば」あるいは「支那すば」と呼ばれていた。明治末期から大正及び昭和初期にかけて、ヤマトゥンチュが作ったそばは全て「ヤマトゥソバ」と呼ばれていた。その文脈でいくと「支那すば」は中国人や台湾人が作ったそばということになるが、ウチナーンチュが作ってもやはり「支那そば」と呼ばれた。国頭にそば屋が出来た時もやはり「支那すば」と呼んでいる。「りっか、支那すばかりくー（さぁ、支那そば食べに行こう）」などと誘いあった、と古老たちは証言している。明治三十年以降の新聞広告にも「支那そば」と記されている。

与久田氏はなぜ「支那そば」の呼称が使われたのか、「沖縄そば」のルーツを考えるうえでも重要なポイントであるが、今のところ文献等で確認することはできていないと述べている。

著者の勝手な想像であるが、沖縄のすば及び福建麺やその影響を多分に受けている台湾麺は、いずれも灰汁を利用した麺作りで、麺を茹でた後にラードを塗《まぶ》す方法、豚骨に魚介類を合わせるスープの取り方、具の載せ方、完成したどんぶり一杯の見た目、味、風味に至るまで福建麺、台湾麺、沖縄すばの三者には共通点が多い。留学生として福建省へ渡ったウチナーンチュたちが体験した麺、冊封使として琉球へやってきた中国人コックが作る麺、久米三十六姓らが自家製麺を打ち、何らかの形でそれを食したウチナーンチュたちが、この麺を「支那そば」と称したのではないかと想像することは大きく的を外れていることではないのではなかろうか。

時代は下って、大正七、八年頃、「支那そば」の呼称を「琉球そば」に変えるよう警察から各そば屋へ指導がなされたらしいが、現実には守られず、うやむやのままで戦前まで「支那そば」の呼び方はなお用いられていたようである。だが、昭和十四、五年の「支那事変」の頃から、沖縄にも本土から海軍が来るようになり、蕎麦とそばを巡ってトラブルが続発し、某そば店では「沖縄そばは支那そばです」という説明をしたエピソードが残っている。

「沖縄そば」の呼び方が一般化するのは戦後になってからである。著者は昭和二十（一九四五）年生まれであるが、中学・高校生の頃は単に「すば」としか言わなかった。その頃は確か一杯、一〇セントだったと記憶している。

沖縄そばのバリエーション

広義の沖縄そばは、沖縄本島の「沖縄そば（狭義）」、宮古諸島の「宮古そば」、八重山諸島の「八重山そば」の三種類に分けられている。しかしながら本島周辺の久米島には「久米島そば」、大東島には「大東そば」、伊是名島には「伊是名そば」、伊平屋島には「伊平屋そば」が存在し、それぞれがしのぎを削っている。また、沖縄本島は南北に長く、中南部と北部では麺の様相が異なっている。

中南部の麺は太めでややねじれたうどんのような方形が一般的だが、近年、平うちの細めの麺が人気を博している。一方北部の麺は幅が八～一〇ミリの平麺で、名古屋のキシメンを彷彿させる。宮古そばは、ストレートの細麺で、長いのが特徴である。スープはあっさりしている。具の三枚肉と宮古カマボコは麺の上にトッピングせず、麺と麺の間に隠すのが主流であったが、具が見えたほうがいいとの意見に押され、最近では麺の上に載せる宮古そば店が増えているとのことである。八重山そばはやや細めの丸い麺で、具の肉やカマボコは甘辛く煮つけ、短冊切りにしてトッピングされている。

近年、専門店ではスープは「こってり」か「あっさり」、麺は「細麺」か「中太麺」、さらには「生麺」か「茹で麺」から選べるような店も出現している。また、麺にアオサ、モズク、カボチャ、ヨモギ、桑葉、ニンジンなどを練り込んだ麺も選べるようになってきた。

参考文献

与久田孝子「沖縄そばに関する調査報告」『沖縄そばに関する調査報告書 第1集』株式会社サン食品　一九八二年
西村秀三「沖縄そばの大衆化と伝統化─沖縄近現代の食生活研究から─」『沖縄民族研究第21号』沖縄民族学会　二〇〇二年
平川宗隆『Dr. 平川の沖縄・アジア麺喰い紀行』楽園計画　二〇一三年
宮城昌保「沖縄麺食文化の許容」『沖縄大学地域研究所紀要年報　一九九五年度№7』
苦瓜和憲・宮城昌保「冊封使の琉球における食の考察（海粉、海馬、麺食とびん人の料理人）」『沖縄大学地域研究所紀要年報　一九九六年度№8』

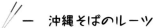

ニ シンガポールの沖縄そば

アンテナが錆びつき、情報不足は否めないが、五年前に上梓した『Dr.平川の沖縄・アジア麺喰い紀行』の取材で訪れたアジアの国々には、沖縄そばの情報は全くなかったが、平成二十八年十月十四日の麺業新聞・西日本版に「沖縄県・三倉食品　沖縄そば出荷　シンガポールの専門店に」のタイトルが目に留まった。沖縄そばの供給先は、シンガポール市内の中心部、リャンコートショッピングセンター内にある同国唯一の沖縄料理専門店「ニライカナイ」とある。記事を読んだ途端、著者の頭はすでにシンガポールへ飛んでいた。かくして、二〇一七年五月のゴールデンウィークにはシンガポールで沖縄そばをすすっていた。

リャンコートショッピングセンターの1F~B1は、フードコートさながら、ラーメン、うどん、豚丼などのほかにも多くの日本食の有名店が軒を連ねており、激戦区の様相を呈している。このような戦場でひるまずに頑張っているニライカナイに心から拍手を送りたい。厨房で忙しそうに腕を振るう内間貴之店長（一九七九年生・今帰仁村出身）に挨拶してカウンター席に着いた。座敷あり、テーブル席あり、沖縄の居酒屋の形式と寸分違わない。当日は金曜日で店内は若者たちで賑わっていた。案内してくれたのは、マレーシア出身の愛嬌抜群の店員さん（写真）だった。ニライカナイは二〇〇八年にオープンし、内間さんが引き継いだのは二〇一四年から。

メニューには、ジーマーミ豆腐（六・五〇S$）*、島らっきょう（一四・〇〇S$）、海ブドウ（一四・〇〇S$）、豆腐よう（八・〇〇S$）、アンダンスー（七・〇〇S$）、クーブイリチー（七・〇〇S$）、沖縄もずく酢（八・〇〇S$）沖縄直送オリオン生ビール（ジョッキ九・六〇S$）等々、泡盛も数多くの銘柄を取り揃えており、まるで沖縄にいるようだ。早速、オリオン生とゴーヤーチャンプルーを注文した。ゴーヤーチャンプルーは手抜きのない素晴らしい出来栄えでオリオンビールと相性は抜群だった。夕食を済ませた直後の腹にビールとチャンプルーはいささか重かったが、目的の沖縄そばを食べないわけにはいかない。沖縄そば専門のコックが麺を茹でてドンブリに入れ、温めておいたスープを注ぐ。その上に三枚肉、カマボコ、紅ショウガ、ネギをトッピングし、一丁上がり。スープを一口啜るとコクと旨みのあるカツオ節と豚骨から抽出された素晴らしい風味が口中に広がった。常備されているコーレーグスを数滴たらすと一段と旨みが増した。麺は沖縄そば特有のコシがあり、噛みごたえも十分。野菜そばも味わいたかったが胃袋は悲鳴をあげていたので止めた。

シンガポールの物価は結構高い。家賃、光熱水費、人件費、沖縄からの原材料の輸送経費等を勘案すればそれなりの値段になるのは理解できる。

現地の人たちが沖縄そばをすする写真を撮りたいので、マレーシア出身の店員さんに折衝してくれるように依頼した。するとすぐ三〇代と思しき中国系の青年から注文が入った。カメラを向けるとさすが

＊1S$（シンガポールドル）＝八〇・二六円　二〇一七年五月八日現在

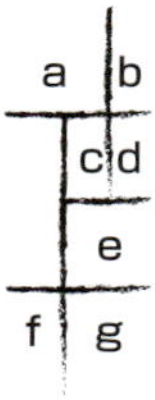

a　ニライカナイの正面入り口

b　一人で来た中国系リピーター

c　内間店長と愛嬌ある店員さん

d　沖縄そばを盛り付けるコック

e　四人でソーキそばをシェア、右奥は日本人

f　野菜そばをシェアするペア

g　こちらはソーキそば

に照れていたがすぐにポーズをとってくれた。

独身らしいが一人でわざわざ沖縄そばを食べに来るとは頼もしい存在であり、世界に拡がる沖縄そばの頼もしい助っ人になり得る存在だ。こういう方は大切にしないといけない。

次いで四人の男性グループからソーキそばの注文が入る。一人は千葉県出身の四一歳の青年だが、あとの三人は中国系のシンガポール人である。千葉県出身の彼は沖縄そばが大好きでここへ来ると必ず注文して食べるそうだ。沖縄にもたびたび行くようで、そのつど沖縄そばを食べているとのこと。四人で一杯のソーキそばはたちまち彼らの胃袋に収まった。

間もなくして、男女のペア二組からそれぞれ野菜そばとソーキそばの注文が入る。二人でそばをシェアするところを見るとかなり親密のようだ。彼らは二度目の来店らしいが、沖縄そばが気に入っているようだった。このように外国で沖縄そばが食べられている風景はいい。感動する。

ニライカナイでは、沖縄そばは二〇〇八年の創業時以来のメニューであるが、これまでは現地の製麺所から供給してもらっていたが、満足度は今ひとつだったとのこと。

このような折、二〇一六年十一月、シンガポールで開催された日本食の専門展示会「おいしいJAPAN」に三倉食品が沖縄そばを出展したことが縁で、同展を訪れていた内間店長と出会うこととなった。試食の結果、内間さんは「本場の本物・沖縄そば」を取り寄せることを即決した。

これに応える形で三倉食品は、那覇空港の国際貨物ハブ機能を使って供給するようになった。沖縄そばは基本的には茹でた後に脂をまぶした、いわゆる茹で麺で供給することが多いが、シンガポールへの輸出に際しては、茹で麺に比べて賞味期限が長い生麺でニライカナイへ供給することにした。そのため三倉食品では店舗で茹でて使用しても品質的に優れた食味・食感を出せる麺の試作を重ね、茹で時間を短縮できるように、細めで平たい麺を開発し、茹で方等も指導したとのこと。

ニライカナイでは、この麺を使用して、シンガポールドル（S$）でソーキそば（Lサイズ一四・八〇S$、Mサイズ九・八〇S$、Sサイズ七・六〇S$）、ラフテーそば（Lサイズ一四・八〇S$、Mサイズ九・八〇S$、Sサイズ七・六〇S$）やゴーヤー天ぷらそば（Lサイズ一四・八〇S$）で提供している。スープは、豚骨ベースで本場・沖縄の味を再現しており、人気メニューとなっている。

先述したように、店内にいた一時間ほどで、ラフテーそば、ソーキそば、野菜そばを注文する客が数組いたことからも沖縄そばの人気度が伝わってくる。

同店の客層は七割が中国系の現地人、三割が日本企業の駐在員らが占めているようだ。このように麺の味を知り尽くしている中国系の人々から好評を受けていることは頼もしい。

「シンガポールの沖縄そばの将来は洋々たるものがあるのでは？」と、内間さんに訊ねたところ、彼は意外にも「沖縄そばを普及するためには一軒だけでは力不足です。さらに底辺を広げないと難しい。しかしながら、生はんかな気持ちで、ろくな味付けもしない沖縄そばを提供すれば必ず評判を落とすので気を引き締める必要がある。特にパイオニアはそうあるべきだ」と、持論を述べてくれた。まさしくそうだと思う。ニライカナイでは、沖縄から週一回〜二週に一回の割合で沖縄そばを空輸してもらっている。重量は混載で送ってもらっているので一定していないが、店では一週間に五〇kg前後消費している。

一方、三倉食品では輸送コストを軽減するために県の補助を活用しているようだ。また、二〇一六年の「おいしいJAPAN」に出展以降、シンガポール高島屋とも取引が開始されたほか、ベトナムなど他の東南アジアの国々のバイヤーからも引き合いがあり、今後、沖縄そばの輸出に一段と力を入れていくことにしている（二〇一六年十月十四日麺業新聞参照）。

こうして徐々に沖縄そばは世界へ拡がっていく。他の沖縄そば製麺所もこれにならって沖縄そばを世界へ拡げてほしいと願ってやまない。

第１章　南米の沖縄そば
Okinawa soba in South America

写真上：ブラジル リオデジャネイロのコルコバードの丘にあるキリスト像、コーヒー豆

写真下：オオハシ、イグアスの滝

一　ブラジルの沖縄そば

周知のとおり本県は我が国有数の移民県であり、ブラジル、アルゼンチン、ペルー、ボリビア等の南米に多くの移民を送出している。ブラジル南西部の南マットグロッソ州の州都であるカンポグランデ市（人口約八十五万人）に沖縄県民が入植してから二〇一四年で一〇〇周年を迎えるに当たり、同国県人会では大々的な記念事業を展開した。南マットグロッソ州と沖縄県は姉妹都市提携を結んでおり、二〇一四年八月十三日の前夜祭及び十四日の記念式典には母県から、副知事、県会議員、市町村長らの他、ブラジル側からも州や市の幹部が参列し式典を盛り上げた。

カンポグランデ市には日系移民約一万五千人が住んでおり、そのうち半数以上が沖縄県系人といわれている。市の名物は県系人が持ち込んだ沖縄そば（以下：そば）で、二〇〇六年には「ＳＯＢＡ」として、市の文化遺産に登録されている。十三日の前夜祭には「ＳＯＢＡ・フェスティバル」が開催され、沖縄の食文化が広く紹介された。

一方、戦後の米軍基地建設にともなう土地収用や外地からの引揚者の増加による食糧難や就職難などの解決策として、戦前のボリビア移民が提起した集団移住構想に呼応する形で琉球政府や米国民政府が独自に調査し移住者をボリビアへ送り出した。第一次移民は一九五四年八月、「うるま移住地」に入植したが、二カ月後に発生した「うるま病」で一五人が死亡したことや水害が発生するなど混乱し、撤退を余儀なくされた。その後移動したパロメティーヤ移住地は土地取得交渉が決裂し、一九五六年にコロニア・オキナワへ転住した。計画移民は一九六四年六月の第一九次が最後で、計五八四家族三、三八五人が入植した。

コロニア・オキナワはボリビアの西部、サンタクルース州に位置し、払い下げられた土地の面積は五万三千ヘクタールで東西一一キロ、南北五〇キロあり、第一、第二、第三の移住地からなる。コロニアには二、八〇〇所帯一万二千人が住むといわれ、県系人はうち七％と少数派であるが、ボリビア人流入による人口増加にともない一九九八年にボリビア政府から行政区として認可され、オキナワ村が設置された。主要作物の総生産量は小麦三万一三〇〇トン、大豆七万五千四〇八トンとなっている。

二〇一四年、コロニア・オキナワでは入植六十周年を迎えることから、盛大に記念式典とアトラクションが二日間に亘り繰り広げられた。

ここでは主としてブラジルのカンポグランデ市およびボリビアのコロニア・オキナワにおける移民の歴史とそばとの関連やその普及状況について述べることとする。

戦前のブラジルへの移民

日本からブラジルへの第一回移民は、一九〇八（明治四十一）年、笠戸丸（かさとまる）による一六五家族（七八一人）であった。そのうち五〇家族（三二五人）が沖縄県出身者で占められていた。一行は六カ地区に配置されたが、沖縄県系人はカナーン耕地（モジアナ線）へ二九家族（一五二人）とフロレスタ耕地（ノロエステ線）に二三家族（一七三人）が配置された。しかし、耕主に対する不満やコーヒーの不作などのため、十分な賃金が得られず、その多くはサントス市、サンパウロ市、アルゼンチン等へと移動していった。

特に沖縄県移民にその傾向が強かったといわれ、要因として「構成家族」を構成する他人の存在、非農業者の混入、耕地における低収入であったといわれている。

ところで、戦前（一九四〇年）における沖縄県からの海外移民の行き先を国別にみると第一位はブラジルの一万六千二八七人で、当時の沖縄県全体の移民五万七千二八三人の約二八％を占め最大となっている。第二位はハワイの一万三千一四六人（同二三％）、第三位はペルーの一万七一七人（同一九％）、第四位はフィリピン群島の九千八九九人（同一七％）であった。

戦後沖縄の混乱と移民の送出

第二次世界大戦後、灰燼と化した母県沖縄の戦災救援運動が起こり、一九四七年四月に在伯沖縄救援連盟が結成され、同年九月には食糧品や衣類等の金品がララ物資*として沖縄に送付されている（沖縄県人移民史）。その頃の沖縄は、本土疎開者・海外引揚者の増加や米軍基地建設による土地強制収用などにより人口密度・食糧不足が問題となり、呼び寄せ移民への期待が高まっていた。大戦により停止していた海外移住は一九四八（昭和二十三）年頃から、ブラジル、アルゼンチン、ペルーへの呼び寄せ移民として再開された。

このように米軍基地に土地を奪われた住民や戦争孤児の受け入れ先として、琉球政府は南米諸国へ移民を送出することで解決を図ったのである。また、中部地区の一四市町村長が発起人となって、一九五七年に南米拓殖会社が設立され、翌年には中部地区の三一家族（二〇七人）が送り出されている。さらに、沖縄青年連合会が一九五五年に沖縄産業開発青年隊を設立し、トラクターや重機等の訓練を受けた青年らが、一九五七年に移民青年隊として、在伯沖縄協会を受け入れ先としてブラジルへの移民を手掛けてきた。以来一九六四年の第一四次まで三〇三人が移民青年隊として渡伯している。

現在、日系人は世界中に約二七〇万人いるといわれているが、その大部分は南北アメリカに集中して

＊終戦直後に、ララ（LARA：Licensed Agencies for Relief in Asia：アジア救援公認団体）が日本に送っていた救援物資。

おり、中でも最大の集団はブラジルの一六五万人である。そのうち沖縄県系人は約一六万人と推定され、母県に次ぐ沖縄移民社会が形成されている。

沖縄県移民のブラジル・カンポグランデ市への入植

カンポグランデ市への日本人入植はノロエステ鉄道建設*にともなうもので、鉄道工夫として働いていた日本人の多くが県系人であった。鉄道が開通した後も彼らの一部はコーヒーや野菜栽培を始め定住するようになった。現在も日系人人口の六割が沖縄県系人で占められているといわれている。

悪天候で農作業ができない日や誕生日などのハレの日には、主婦たちは当時、容易に手に入らなかった大切な小麦粉でそばを打ち、庭で放し飼いにされている鶏のガラでダシをとり、塩で味付けし隣近所を招待しささやかな故郷の味を楽しんだという。

このようにして、沖縄県出身者たちは故郷で覚えたそばの味を時折再現していたが、それはあくまで家庭の味として楽しんでいたもので、外食としてそばが売り出されるのは一九五四年、沖縄県人会の書記であった友寄英芳氏がアントニオ・マリア・コエリョ街に開かれたバールでそばを提供したのが始まりだといわれている。次いで一九六〇年に勝連ひろし氏が産業組合の一部にそば専門店を開設したが、

＊ブラジルのサン・パウロ州中西部のバウルーよりマト・グロッソ・ド・スル州中央南部を横断して西に走る鉄道。

これらの店はウチナーンチュ同士の模合《もあい》などの寄り合いどころとして親しまれたという。その後、勝連氏は一九六五年にフェイラ（青空市場）に出店する。当時、移住者の多くは経済的に困窮し、生活は不安定だった。フェイラはこのような人々にとって情報交換の場として大いに役立ったようである。

また、移住者らはフェイラで野菜などを売りさばいた後、そば屋で郷土料理を味わいながらたまに会う同郷人との会話はささやかな楽しみでもあり、ストレス解消に役立ったと思われる（安井 二〇一二）。

ところで、外国では麺類を食べる時に、ズルズルと音を立てずに静かに食べるのがマナーとされており、多くの人が訪れるフェイラでは、県系人はカーテンで目隠しし、奥のほうで人目をはばかるようにしてそばを食べていたが、いつしか「日本人は美味しいものを隠れて食べている」という噂が広がり、逆に地元の人の好奇心を掻き立てる結果になったようである。それまで日系人や県系人だけに消費されていたそばは非日系人の間にも急速に広がり、一九八〇年代にはほとんどの客が非日系人のブラジル人となった。

中央市場（フェイラ）を運営するカンポグランデ観光中央フェイラ協会は、二〇〇六年五月から「Soba de campo grande」の商標でフランチャイズ店を同地以外で開店するプロジェクトを開始している（安井 二〇一二）。今後ブラジル国内で益々そばが拡散されていく可能性を秘めており期待したい。プロジェクトを指揮するのは、同協会発足以来初の女性会長になったアルビーラ・アッペル・ソアレス・デ・メロス氏で、メロス会長が就任した同年七月にはそばが市の文化遺産に指定され、以後毎年八月に同協会主催で「ソバ祭り」が開催されている。二〇一四年は八月十三日を中心に行われたが、ブラジル各地から観光客が集まり賑わった。筆者は現地のそばの味についての感想と本場沖縄そばとの関連や食文化について地元テレビ局からインタビューを受けた。

現在、カンポグランデ市内でそばを出す店は一〇〇店舗ほどあるといわれている。ピザ店やカラオケ店でもそばを提供しているところもあり、その普及状況をうかがい知ることができる。

フェイラは水曜日と土曜日の週二回、夕方から明け方まで開かれている。当初は青空市場で日本の屋台同様、可動式の店舗であったので組み立てと片付けが重労働であった。が、駅舎を改築した現在の建物は屋根付きで天候に左右されない立派な建物となっている。開店時のフェイラは煌々とライトアップされ一層華やかさを増し、日本のお祭り時における出店《でみせ》を彷彿とさせる雰囲気が漂っている。

その中で六〇軒以上の店舗が軒を並べて営業しているが、一際目立つのがそばの店で、三〇軒を超す店が競い合っているさまは実に壮観である。店の看板にはBarraca（屋台）の文字が含まれ、可動式屋台の名残が見られるものの、各店舗のイメージカラーがあり、店内の装飾、椅子やテーブルを統一したカラーで店の特徴を出しており、さながらフードコートの様相を呈している。

フェイラの入り口には、どんぶりになみなみと盛られたそばを箸でつまんでいる大きなモニュメントが設置されており、カンポグランデ市の食の文化遺産に認定されたそばを中心とした地域振興が図られていることがわかる。

a　放し飼いにされている鶏
b～e　おいしそうにSOBAを食べるカンポグランデの人達
f　スポットライトを浴びてインタビュー
g　サン食品の会社概要を説明

a	b
c	d
	e
f	g

a　バラッカの文字が目につく
b　昼間は閑散として静まり返っている
c　夜はライトアップされ賑やかさを増す
d　どこのソバリアも盛況だ
e　5メートルを超す巨大なSOBAのモニュメント
f、g　黄色がシンボルカラーのフェイラと赤が基調のフェイラ

油を塗されたそばが出番を待つ

注文が入ると麺を取り分ける

熱湯で麺を湯がく

湯がいた麺に具を盛り付ける

牛肉の短冊、錦糸卵、ネギを載せる

今日は客が多いので超多忙

しかしながら、そばと呼ばれているものの地元の沖縄そばとはかなり様相を異にしている。例えば本場・沖縄そばのスープは豚骨とカツオ節のダシが基本であるが、ここでは牛骨とトリガラが主となっている。これはやむを得ないことであろう。外国の食文化が受け入れられる要素として、その地で容易に手に入る食材でなければならない。ブラジルでは豚よりは牛となり、カツオ節は決定的に入手困難となればトリガラは当然の帰結となろう。スープの味は私たちの食感からはものすごく塩辛い。暑くて汗をかくので生理的に塩分を要求するためであろうか。中にはパスタを食すときのようにフォークにくるくるとそばを巻き付け、その上に醤油をかける人も見かけた。具には牛肉の短冊切り、錦糸卵、ネギがたっぷりと載せられている。牛肉は醤油で煮しめたからめの味である。店員に聞いたところブラジル人は甘みのある肉の味付けには拒否反応を示すとのこと。国民的食べ物としてブラジルにはシュラスコと呼ばれる焼き肉があるが、味付けには塩・コショウのみで、たっぷり岩塩が振り掛けられている。フェジョアーダと呼ばれる牛の内臓と豆の煮込みもまた塩味である。このように長年、慣れ親しんだ地元の味がスープや具にも影響を及ぼしているようである。

麺については、かつては木灰を使ってそばを打っていた時期もあったが、今では木灰の使用は全くない。変わってかん水が一部の製麺所で使われているようであるが、確認には至っていない。ある製麺所では五kgの小麦粉に五個の鶏卵を混ぜているところがあった。鶏卵は麺への黄色みと味に深みを与えるがコシへの影響は少ないようである。店や製麺所により麺の特徴があるものの一般的には柔らかいパスタのような印象を受ける。あるそば屋の経営者によると麺類を食べる習慣のない非日系のブラジル人たちには、スープの多いマカロン（パスタ）として宣伝してきたとのこと。

店によってスープや具にこだわりがある

源河たけしさんの店舗にて

豚骨と豚肉を四時間ほど煮込んでダシをとる。具は豚肉であるが他の店同様錦糸卵とネギの三色の取り合わせは変わらない。麺は市内の専門業者から購入する。ややコシもあり、ここのそばの味は沖縄そばに近い。

西平ニリアさん（源河たけしさんの奥さん）にそばを作ってもらった。

沖縄からカンポグランデに移住してきたウチナーンチュが故郷をしのびながら作り、食してきたそばは、今ではカンポグランデの名物として多くの人々に親しまれている。沖縄県系人が始めた製麺所やそば屋も今では現地ブラジル人がその技術を習得し、そばを広めている。この傾向はさらに広がり、やがてはブラジル全土にそばが普及する日も近いのではないだろうか、それを願ってやまない。その兆しとしてサンパウロのレストラン、居酒屋、カラオケ店でもそばを食することができる。

どんぶりに麺を盛る

熱湯で麺を湯がく

豚肉、錦糸卵、ネギを載せる

スープをかけて出来上がり

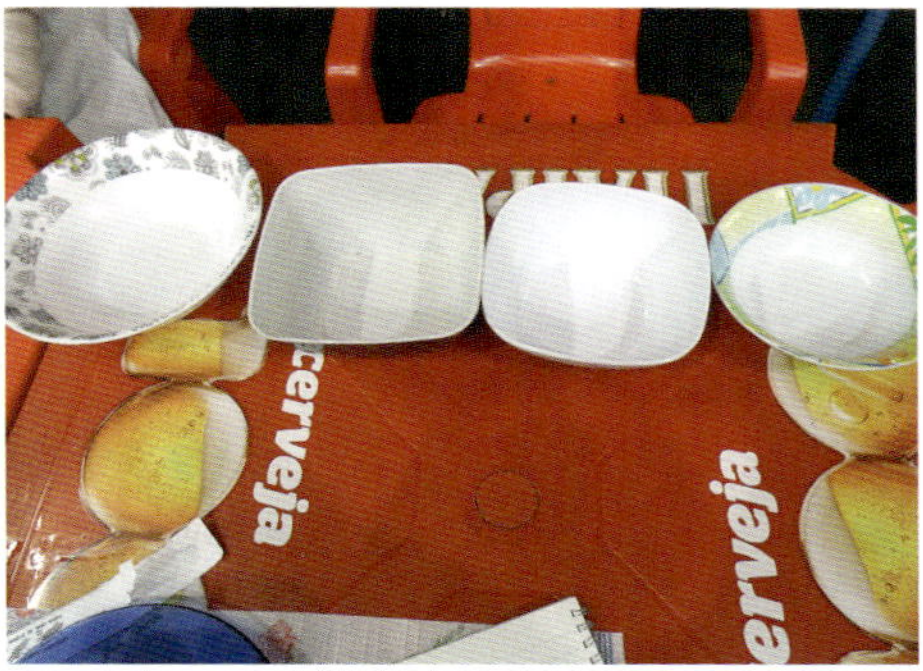

左から500g（850円）、400g（750円）、250g（650円）、150g（500円）用の容器

ウーンなかなかいける

マカホン・ゲンカのそば作り

源河君枝代表（昭和十九年生）は名護市出身。夫のケイイチさん（故人・名護市出身）との間に男二人、女二人の子を授かっている。次男は出稼ぎで三重県に住んでいる。その仕送りで現在の工場を改築したとのこと。孫も七人おり幸せな生活を送っている。

二十年ほど前、義母が台所でそばを打ち、隣接する建物（現在は工場）でそば屋を経営していた。当時のメニューはそばと焼きそばのみで、客のほとんどはブラジル人だった。焼きそば大が二五レアル（一二五〇円）、小が一五レアル（七五〇円）、そば大が一五レアル（七五〇円）、小一二レアル（六〇〇円）であったが、一日八〇〇～九〇〇食も売れたという。当時、麺棒が手に入らなかったのでビール瓶で麺を打っていた。一日一二〇kgの麺を夜中の三時から明け方の六時頃まで麺作りに励んでいた。月に三・五トン以上の麺を打っていたというから驚きである。

注文を受けるとノートに細かく記載する

隣の食堂で五年間ほど二人の娘さんが店を切り盛りし、麺作りは現地人を採用していたが、社会主義国のブラジルでは労働条件が厳しく大変だったので、五年後に食堂は閉鎖し、現在は製麺一筋となった。君枝さん他四名で麺作りに励んでいる。そば屋からの注文は夜一〇時まで受け付けし、早朝から注文に応じて麺を打ち、多い時には三八〇kgの麺を打つ。

現在フェイラを含め七店舗のお得意さんがあり、それを届けるのも君枝さんの日課である。月曜日のみ休業。そばは十二月から二月がよく売れるが、四月から八月までは盆踊りが開催されブラジル中から観光客が押し寄せるので多忙になる。今やそばはカンポグランデの名物としてブラジル中に響き渡り、街おこしの重要な柱となっている。

そば作りの工程

① 五kg入りの小麦粉一二袋（六〇kg）に水、塩、卵（六〇個）、着色料（黄色）を撹拌機に入れ十分にこねる。
② 十分にこねた生地は圧縮機にかけてプレスする。
③ 麺生地を重ね、上から布をかけしばらく寝かす。
④ 麺生地をさらに薄く伸ばしていく。
⑤ これを一〇枚ほど重ね適当な大きさに切断。
⑥ 麺状に裁断。
⑦ 沸騰した湯に入れ約一分間茹でる。
⑧ 茹でた麺はザルに受け、台に乗せる。
⑨ ほぐしながら植物油をまぶし扇風機で冷やす。
⑩ 計量後袋詰めする。

積まれた5kg入りの小麦粉

鶏卵と塩

黄色の着色料

攪拌器に入れ混ぜる

圧縮器でプレス

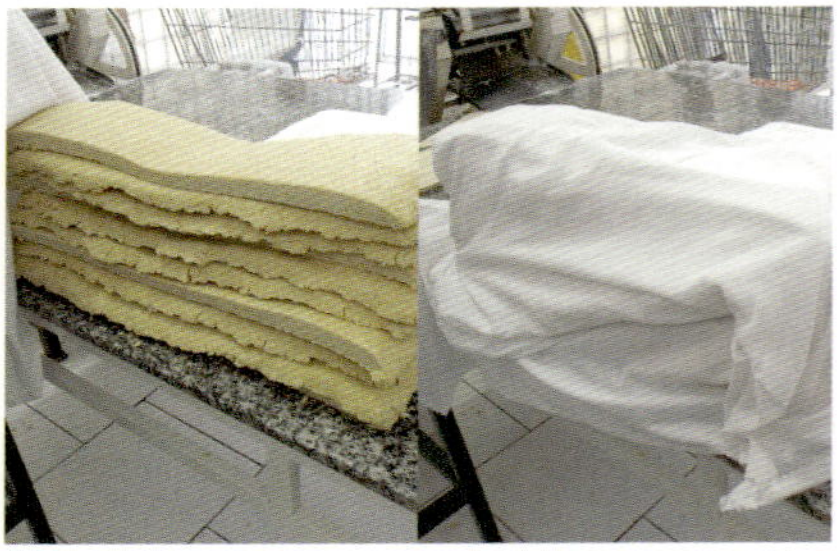

生地を重ね、布をかけ寝かせる

圧延機で伸ばす

何枚か重ね適当な大きさに切る

麺生地を重ねる

圧延器で麺生地さらに薄くする

薄くなった麺生地を裁断器にかける

裁断した麺

熱湯で麺を湯がく

ザルに受けた麺を台に移す

麺に植物油を塗し扇風機で冷やす

計量後袋詰め

製麺風景（島田製麺所の工場の場合）

島田さんに製麺所を案内してもらった。二十三年間そば作りを行ってきた。スープにはこだわりがあり、牛のすねや堅い部位を煮込み、それにトリガラを加える。タマネギ、ニンジン、ジャガイモを加えることによって牛独特の臭みを抑える。これが評判になり他店もまねをするようになった。

島田さんは当初、雑貨商を経営しながらそばを作り販売していたが、雑貨商を閉店し、レストランを経営するようになった。そばはもっぱら自分のレストランで使用する麺のみを製造している。主として長男が麺作りを行う。彼は非常に研究熱心でぜひ沖縄で研修したいという希望を持っている。

レストランは夕方からオープンするので、それに間に合うように毎日麺を打っている。だから新鮮で美味しい。客の八割以上はブラジル人である。筆者がレストランを訪ねた夜はフェイラのイベント終了後だったので一〇時を過ぎていたが、二組の客が残っていた。

島田さんは折角だからと私のために焼きそばとそばを作ってくれた。

牛肉、錦糸卵、ネギの標準的なそば

そばのスープは時間をかけて

かつては木灰汁でそばを打っていたが、現在は木灰もかん水も使っていない。今ではブラジル人も箸を使う人は結構いるが、さすがにズルズル啜《すす》る人はいない。なかには先に麺を食べ、ぬるくなった残りのスープをストローで吸う人もいるとのこと。

島田製麺所の工場とその制作過程を見せてもらったが、本場沖縄そばのそば作りの工程と基本的に全く同じであり伝統が守られていることに安堵した。

そば作りの工程

① 小麦粉、卵、水、塩を混ぜて捏ね器でこねる。
② ドゥを取り出し、何度も圧縮を繰り返し、コシを強くする。
③ 圧延器にかけ薄く伸ばしていく。
④ それを麺状にカット。
⑤ 沸騰した湯に塩を加える。
⑥ 麺を入れて一分ほど茹でる。
⑦ 茹でた麺に植物油を塗《まぶ》し、扇風機で冷やす。

使用する小麦粉

かん水の代わりに鶏卵を使用

小麦粉、塩、水を加え混ぜ合わせる

何度も圧縮を繰り返しコシを強くする

圧縮後、伸ばしていく

麺状にカット

沸騰した湯に塩を加える

麺を湯がく

湯がいた麺をザルに受ける

扇風機で冷やしながら植物油をまぶす

フェイラで目立つコーレーグスの数々

カンポグランデのコーレーグス

フェイラでこれを見たときには、自分の目を疑った。ソバジョーグ（そば上戸）には欠かすことのできないアイテムだからだ。小瓶に入ったそれはやや小粒であるが、本場のコーレーグスそっくりだ。

若い時にインドで二年間過ごしたが、疲労回復にと思いニンニクをジンに漬け愛用した経験がある。コーレーグスも県系人の舌と頭がしっかりとその味を記憶しており、工夫して作ったものであろう。しかしながら、ブラジルには泡盛がないので身近にあるオリーブオイルに漬け込んだのではないだろうか。これも沖縄の食文化がブラジルで形を変えて普及した一つである。

サンパウロの沖縄そば

戦後移民の社会的要因は、米軍統治による将来への不安、広大な米軍基地建設にともなう土地強制収容など占領下における沖縄の混乱が直結している。例えば一九五五年に米軍によって強制収容された宜野湾市伊佐浜の住民一〇家族（五九人）は、一九五七年にサンパウロ市に移住している。

沖縄を離れてブラジルに渡った時期については、戦前移民は六・八％だが、戦後から移民が増加し始める一九五五年までは一三・五％、米軍統治時代の一九五六〜一九六六年までは、五四・一％と最も多い。

ブラジルでの就業の変遷については、入植当時は農場での労働がほとんどで六七・五％を占めている。一〇・八％が商業に従事しているが、その後の転職では、市場労働や商業に従事する人が五〇・〇％と半数を超え、農業を継続したのはわずか二・七％となっている。

筆者が泊まったホテルはニッケイホテルという老舗のホテル。その直ぐ近くにレストランテ沖縄があり、それより五〇〇メートルほど先に居酒屋デイゴがありどちらも沖縄そばがあるというので食べに出かけた。サンパウロは八〇〇メートルの高地にあり、坂道が多いところである。太陽が沈むとたんに上着なしではいられなくなるほど冷える（八月は冬にあたる）。

レストランテ沖縄（OKINAWA）吉平武雄さん

オーナーの吉平武雄さんは昭和十六年生まれだが見た目より随分若々しい。話をしているうちになんとコザ中学校の先輩と判明。そのよしみで翌日は沖縄県系人経営のレストラン兼カラオケショップと製麺工場へ案内してもらった。一九五九年中学校卒業と同時にいろいろな仕事に携わるが、意を決して渡伯。現在二件目のレストランを建築中。

居酒屋デイゴ

親川幸雄さん（昭和二十五年生まれ）、美津子さん（二十一年生まれ）のおしどり夫婦が経営する居酒屋デイゴを訪ねた。宿泊先のニッケイホテルから歩いて一五分ほどの距離にあるわかりやすい場所だ。開店は夕方六時半からとなっており、治安が悪いサンパウロの街は一人で歩くのは危険なので沖縄から一緒に来たSさんとNさんを誘って出かけた。

時間が早いせいか、客は私達だけであった。オリオンビールでないのが残念であるが、先ずビールで乾杯。メニューから目的の「沖縄そば」「ソーキそば」「焼そば」を注文。居酒屋でそばだけを出注文する変な客だと思ったはずである。ビールを飲みながら待っていると最初に出てきたのが焼きそば。大き目のお皿に山盛りだ。てっきり「これ三人前」と訊いてしまった。それほどボリュームがある。麺にかけられた餡は、カリフラワー、ニンジン、キャベツ、モヤシ、インゲンで醤油と砂糖で味付けした日本人好みの味だ。麺は本格的な中華麺でかん水が入っている感じだが、詳しいことは不明。焼きそば一杯三一レアル（一、五〇〇円）也。

次に出てきたのは沖縄そば。麺は昨日訪問したアラガキさんの製麺所から届いたもの。注文すると配達してくれる。コシがないので物足りない。スープは豚骨とトリガラでしっかりとダシをとってあり旨みはあるが、やはりブラジル人の舌に合わせ、やや塩辛い。具はソーキが四個とカマボコ二切れ、ゆで卵が二分の一個、ネギと紅ショウガが添えられている。大は四〇〇gほどの麺がどんぶり一杯盛られており一人では食べきれない量である。大が二八レアル(一、四〇〇円)、小が一七レアル(八五〇円)。ソーキそばは、沖縄そばと麺とスープは同じであるが、トッピングが異なる。文字通りソーキが華やかに載っている。店主の親川さんはソーキそばの発祥の地といわれる名護の出身。ソーキにこだわりがあるようだ。大は沖縄そばより高めの三三レアル（一、六五〇円）、小二〇レアル（一、〇〇〇円）となっており結構な値段である。しかしながら沖縄から遠く離れたブラジル・サンパウロで沖縄そばが食べられていることに感動した。

レストラン光（HIKARU）新垣みつひろさん

昭和六十一年に渡来し、五十三年になる。レストランを始めたのは十一年ほど前から。それまではブラジル式の天ぷら屋をやっていた。現在は鉄板焼き（魚や野菜）、牛丼などの他に沖縄そばや焼きそばを提供している。

他店との差別化は現地の牛肉ではなく和牛にこだわっていることである。

沖縄そばが最も売れる時期は冬である今の時期だという。一杯二〇レアル（一、〇〇〇円）二〇〇gであるが、量はもう少し少なめにして別にも食べてほしいがブラジル人にボリュームを無視することは出来ないと嘆く。スープは豚骨とトリガラを使い、牛は使わない。カマボコや紅ショウガ、ネギ。開店は夕方六時から一二時まで。レストランの後側はカラオケルームになっており、ブラジル人がカラオケ

a、b　レストランテ沖縄の吉平さん、沖縄そば
c～f　居酒屋デイゴの親川さん夫妻、焼きそば、沖縄そば、ソーキそば
g、h　レストラン光の沖縄そば、熱唱する新垣さん

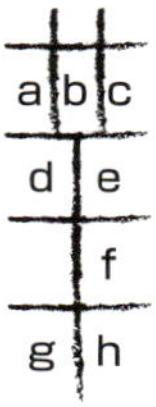

を歌いながら、沖縄そばをすする不思議な光景が夜な夜な見られる。界隈にはウチナーンチュが多く住んでおり、演歌で賑わうことが多いとのこと。

サンパウロのスーパーで売られている乾麺、茹で麺、即席麺

何軒か、通りすがりのスーパーマーケットに入ってみたが、インスタントラーメンや乾麺などのコーナーが設えられており、その需要の高さがうかがい知れる。

また、生麺も袋詰めにされて販売されており、日系ブラジル人以外の人たちにも受け入れられているようだ。

スーパーに陳列されている数々の麺類

二　ボリビアの沖縄そば（コロニア・オキナワ）

一年一回この時期に開催されるコロニア・オキナワの豊年祭が二〇一四年は八月十七日、十八日に開催され、ボリビア各地から、日系人、現地人や少数民族の老若男女が大挙して押しかけた。二〇一四年は沖縄県人がコロニア・オキナワに入植して六十周年を迎えることから、母県から副知事、県議会議員、市町村長らの他に在伯日本サンタクルス領事や地元オキナワ村村長らが出席して前夜祭が華々しく開催された。前夜祭とはいえ、朝から多くの人々が集まり、会場の見物席は立錐の余地もないほど盛況だった。

沖縄そばを食べるための長蛇の列

アトラクションも各地の歌や楽器演奏、空手、琉球舞踊、民族舞踊などが次から次へと繰り出され観客を楽しませてくれた。

この前夜祭の一番の出し物はなんと沖縄そばである。集まった人たちは、前もって購入した食券を持って引き渡し所へ殺到する。そばは日本円にして一杯二五〇円ほど。

豚七頭を使い、ダシ用の骨と具を準備する。三枚肉だけでは足りないので腿肉や臀部の肉など全ての肉を利用する。何しろ一、五〇〇食分を用意する凄まじさである。そばのダシは豚骨、トリガラ、シイタケにほんだしを加えじっくりと煮込む本格派。それだけに本場沖縄そばのスープの味に近い。

興味あることに利用している麺は、コロニア沖縄農牧総合協同組合で製造している独自パスタブランドの「FIDEOS OKINAWA（フィデオス　オキナワ）」だ。このパスタは薄く幅が三ミリくらいなので湯がくと沖縄そばに見た目もそっくり、コシもあり代用品としてはこれに勝るものはない。そのことから沖縄そばの原料として、コロニア・オキナワのコムギ粉は有望と思われた。

具は砂糖醤油で煮込んだ豚肉が二枚、これは美味しい。あまりの旨さに作っているところへお邪魔して二枚ほどつまみ食いをした。沖縄から持ち込んだシンメーナービ（大鍋）で煮込まれた三枚肉や赤肉は香ばしく食欲をそそられる。カマボコは川魚が豊富で容易に手に入るので手作りの美味しいそれが一枚載る。それに錦糸玉子が添えられる。

薬味としてネギがパラパラと散りばめられ、紅ショウガでアクセントをつける。

イベントで食べる沖縄そばもいいが、コロニアやサンタクルス市内に沖縄そばを提供している食堂などはないのかと訊いてみた。かつてはサンタクルス市内に二〜三軒あったらしいが、現在はないとのことだった。

ブラジル・カンポグランデのすさまじいほどの沖縄そばの普及を目の当たりにしてきた後では、やはり一抹の寂しさを覚えずにはいられなかった。

沖縄そばがブラジル人に受け入れられ、カンポグランデ市の文化遺産に認定され、街おこしの起爆剤

麺にスープをそそぐ

出来上がりの美味しそうな一杯

袋を開きパスタを取り出す

パスタを湯がく

油をまぶし、計量後袋詰め

豚骨、トリガラ、シイタケ、本だし入りのスープ

三枚肉を煮込む

大量に味付けされた三枚肉と赤肉

ネギ

カマボコ

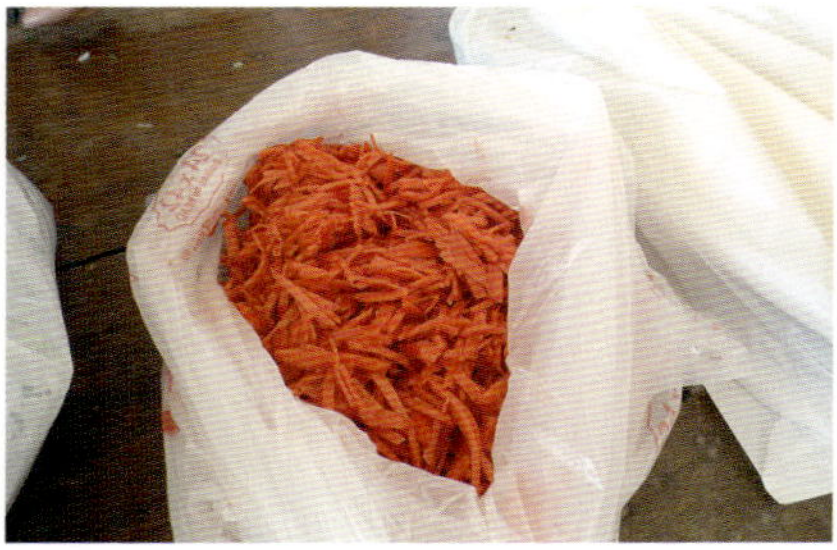

紅ショウガ

錦糸玉子

まだまだお箸がぎこちない

なんとか口へ運んでいる

こちらは器用な箸使い

こちらはフォークで

として利用されていることから、隣国ボリビアでもそのポテンシャルは高いと思われる。

幸いにコロニア・オキナワは小麦の生産地としてボリビア有数の地域であり、コムギ粉やパスタは南米各地へ輸出され外貨獲得に一役買っている。これを利用しない手はない。

イベントで食べた沖縄そばは大変美味しかった。豚骨や豚肉を利用したスープ、沖縄風に味付けした具としての豚肉、川魚を原料として加工したカマボコなど、本場・沖縄そばに近い味に仕上がっており、今後の普及に期待したい。

これまでブラジル国カンポグランデ市とサンパウロ市及びボリビア国コロニア・オキナワにおける、沖縄そばの普及状況や製麺について見てきた。

特にカンポグランデ市における沖縄そばの普及状況にはいささか度肝を抜かれた。何しろ沖縄そばがカンポグランデ市の文化遺産に登録され、これがブラジル中に認知され、各地から沖縄そばを食べに来るようになり、観光にも一役買っている。フェイラ（中央市場）は水曜日と土曜日の夕方から明け方にかけて開店するが、多くのブラジル人で賑わっている。そばを食べる人の割合は八割がブラジル人で、二割が日系人といわれている。

しかしながら、そばの味や形態は本場の沖縄そばとはかなり異なる様相を呈している。これは沖縄と同じ食材や原材料が手に入らないことや地元の人たちの好みによってその味が変化していくのは当然の成り行きであろう。

例えば、インドでは牛は神様として崇められ決して牛肉を食べないが、日本ではビーフカレーがメインで、味も形態もインドのそれとは全く別の食べ物になっている。

しかし今や、カレーは日本の国民食として多くの人に食されている。食文化の転移というのはこのようなものであることを理解する必要があろう。

カンポグランデの麺に話を戻そう。島田さんや源河さんのところでも当初は木灰汁を利用していたが、今では木灰汁もかん水も使用していない。その代わりに両製麺所でも鶏卵を使用しており味はあるが、ややコシの弱いテクスチャーになっている。

スープは豚骨とカツオ節が牛骨とトリガラに変わっている。長年慣れ親しんできた豚骨とカツオダシに比べるとそばダシはやはり本場のものに太刀打ちできない。牛は独特のにおいがあり、そばとの相性は好みにもよるが、個人的には豚を選びたい。スープの味については気候的に汗をかく環境のせいか、かなり塩分濃度が高い。ブラジル人はそばをフォークでくるくる巻いてパスタを食べるような感覚で食しているが、さらにこれに醤油をかける人がいるので、醤油は各テーブルに常備されている。

具については、スープのダシと同様、牛肉が短冊切りにされて載っているが日本人には醤油味がきつい。牛肉は主食といっても過言ではないほど老若男女を問わず食べられている。シュラスコと呼ばれるブラジル風バーベキューの味付けは塩・コショウのみで、その味にならされているブラジル人にとって砂糖醤油で煮しめられた甘辛い味は受け付けないようである。

カンポグランデのそばにはカマボコは具として使われていない。その代わりに錦糸卵がたっぷり載っている。鶏卵は安く比較的手に入り易いのでサンパウロやボリビアのコロニア・オキナワのそばにも具として使われている。

ネギの青みは醤油で煮しめられた褐色の牛肉と錦糸卵の黄色との色のバランスがよく、薬味としての効用や栄養学的にも素晴らしい脇役である。

薬味としての紅ショウガはカンポグランデでは見かけることは少なかったが、その代わりに生のショウガおろしが小さな容器に入ってそばについてくる。

コーレーグスは先述したが、小瓶に入ったオリーブオイルに漬けたハバネロが各テーブルに常備されている。利用者は多いようである。

次いでサンパウロの沖縄そばについてであるが、ここではレストラン（二店）と居酒屋で沖縄そばを味わった。三店舗ともダシと具に豚が使われていたのがカンポグランデとの大きな違いである。スープの味はカンポグランデのそばのスープ同様、やや塩辛いが、豚骨とトリガラで時

彩り鮮やかなブラジルの沖縄そば

専用の炉でシュラスコを焼くコック

間をかけてダシをとっているのでマイルドで飲みやすい。居酒屋はやはり日本人が多めであるが、他のレストランはむしろブラジル人のほうが多い。

サンパウロの具の肉の味付けは三店舗ともやや醤油味が強いが、砂糖を使用し甘辛く煮つけてあるのが特徴でカンポグランデのそれとは異なる。その要因について私見であるが主として日系人を対象に始めたのが、今に引き継がれているのではないかと思われる。

興味あることにカンポグランデのそばのダシや具が豚から牛へ変化し、味付けもブラジル人に合わせてかなり塩辛くなったのに対し、サンパウロのそれは本場の沖縄そば同様豚が主で具もソーキや三枚肉と変わらず、味付けもマイルドであることは面白い現象である。

カンポグランデのスープと具の味は次第にブラジル人の舌に合わせて現在の味にたどり着いたが、サンパウロのそれはこれが完成した味なのか、それともブラジル人の舌に合わせたからくちに変化していくのか見極めたい。

ボリビア国コロニア・オキナワのそばは製麺業に携わる者からすると、すでに出来上がった現地のパスタを代用しているので興味は半減するが、イベントとはいえ、七頭のブタを使い一、五〇〇食のそばを提供するという現象は特筆に値する。郷土食に対するノスタルジアとここでも現地人がフォークや箸でぎこちなく食べるそばの魅力に驚嘆する。コロニア・オキナワはボリビア政府から小麦栽培が評価され「小麦の首都」に認定され、国内有数の農業地帯として評判が高い。また、コロニア沖縄農牧総合協同組合（CAICO）では独自のパスタブランド「フィデオス　オキナワ」を製造し六次産業にも参入している。一日約六〇トンを生産し、国内販売のほかペルーにも輸出している。一時間に三トン製造できるイタリア製製麺機を導入している。稼働率はまだまだ低いので技術指導によっては現地で沖縄そばを生産し、周辺国に輸出することも可能と思われる。

いつの日か、沖縄そばが県系人が多く住む南米のみならず、麺の発祥地であり世界一の人口を抱える中国や近隣の東南アジア諸国等、世界各地に普及・拡散していく姿を願っている。

参考文献

山城千秋「ブラジルにおける沖縄移民社会の形成と文化伝承の構図」熊本大学教育学部紀要、人文科学第五七号　一八九–一九九　二〇〇八

安井大輔「カンポグランデの沖縄そばについて」二〇一二年

「沖縄タイムス」二四面　未来を拓く―ボリビア県人社会の展望と課題　二〇一四年八月十六日

イタリア製のパスタ製造器

コロニア・オキナワの広大な小麦畑

第２章　ミラノ国際博覧会における沖縄そばの売り込み

Selling Okinawa soba at Milan International Expo

写真上：ピサの斜塔、トレビの泉
写真下：真実の口、コロッセオ

一　ミラノ国際博覧会における沖縄そば

「地球に食料を、生命にエネルギーを」のテーマで、人類にとって極めて重要な食を取り上げた万博が、世界一四五カ国の参加の下、二〇一五年五月一日〜十月三十一日までの六カ月間、「二〇一五年ミラノ国際博覧会」の幕は切って落とされた。

世界各国の食に対する取り組みを知り、地球規模で一緒に考える、またとない機会であり、公式パンフレットには、「この万博ではこれまで見たことのないものや発見が待っています。それぞれの参加国が、体に良く安心な食品を地球規模で確保していくための独自の提案をしていきます。あなたも生命の大切さや素晴らしさを五感でたっぷりと体験してください」と記されている。

一方、「本場の本物」ブランド推進委員会から「二〇一五年ミラノ国際博覧会」日本館行催事事務局に提出された、《「世界に誇る日本の伝統食品」〜伝統製法と職人の技と哲学により育まれた地域伝統食品〜》には出展者三一業種が紹介されている。その中には、鹿児島の壺造り黒酢、大分県別府《べっぷ》産の乾しいたけ、岡山県鴨方《かもがた》の手延べそうめん、鹿児島県枕崎《まくらざき》産鰹節の本枯れ節などとともに「沖縄そば」が堂々と掲載されている。また、イベントステージでは、沖縄そばの手打ち実演を通訳付きで約四〇分間一日一回〜二回行うとともに、冷凍沖縄そばを使用した「沖縄そば」とトマトソースで和えた「パスタ風」の二品の試食を行い、ミラノっ子を中心に外国人を含めた参加者にアンケートを実施した。なお、この催しは五日間継続して行われた。

他方、今回のミラノ博への沖縄そばの出店に際し、地場産業が海外展開するための絶好のチャンスと捉え、沖縄県商工労働部はその期待を込めて沖縄生麺協同組合に対し、補助金を拠出することとなった。その補助金交付要綱には、沖縄そばの海外販路開拓について、海外市場調査（イタリア）を実施するとともに、現状の課題や優位性等の分析を行い、沖縄そばの今後の海外市場への販売展開について整理をすることとしている。

ユネスコから食の文化遺産に登録された和食の食文化およびそれを育んできた生活文化を紹介するイベントとして、沖縄そばの手打ちを「手作り沖縄そば」として沖縄生麺協同組合（以下生麺組合）が実施した。同時に沖縄から冷凍沖縄そば、濃縮そばだし、コーレーグスを空輸し、帰国後にデータ化し、分析資料として有効に活用することとした。

また、五日間の会期中、来場者に対し沖縄そばの試食とインタビューやアンケートを実施し、沖縄そば及び生麺組合への関心を高め、理解を深める目的で、生麺組合のホームページに英語とイタリア語を併記し、イタリアおよび世界中の国々から直接入手できる環境を構築した。

なお、沖縄そばの海外展開については、催事期間中は生麺組合のホームページへのアクセスを容易ならしめるために、ＱＲコード（紙媒体）を作成し、イベント開催時にＱＲコードを配布し、生麺組合ホームページへアクセスできる環境を構築し、イタリアおよび世界中の国々からの商談目的の問い合わせに

a b
c d
e
f g

a　博覧会場の通路、両側に各国のパビリオンが並ぶ

b　麺の配膳を手伝ってくれた琉装の家内

c、d　ミラノ日本人学校の生徒。よさこいソーラン節等を披露

e　沖縄そばとパスタを作る平良さんと伊波さん

f　会場を埋め尽くした来場者

g　宇根さんの麺作りの実演に真剣なまなざしで見入る

a、b　通訳と大型画面でわかりやすく説明。麺棒で伸ばした麺生地を披露する宇根さん

c　法被姿が様にならない筆者

d　デモ後に来場者と記念撮影、いろいろな質問があった

e　沖縄そばとパスタ風を試食

f、g　サービスは琉装で

h　将来、日本食レストラン経営を夢見る料理学校に通う学生。沖縄そばに相当な興味を示す

a	b	c
d	e	
	f	
g	h	

対応した。

近年、日本のラーメンが欧米で大ブレイクし、麺の本場である中国や台湾へも逆輸出している現状にかんがみ、ミラノ博におけるイベント会場で沖縄そばの試食を実施したことは、沖縄そばの今後の海外展開に大きく寄与すると思われ、その発展継承の歴史のターニングポイントになるものと期待している。

イタリア市場におけるパスタは主として乾麺である（家庭では手打ちパスタが多く食されている）が、今回、試食に使用した麺は冷凍茹で麺で、湯通し後の食感は沖縄で食する沖縄そばと何ら変わることはなく、独特のコシや歯ごたえを具備しており、乾麺とは異質の食感と風味は、現地ミラノで驚きとともに衝撃と感動をもたらしたものと期待している。

二　沖縄そばのアンケート結果について

　イベント会場において試食後にアンケートを実施したが、食後はさっさと帰る人が多く一人での対応には限界があった。しかしながら他のブースにおける試食コーナーではアンケートを実施しておらず通訳を介しての質疑応答のみであった。
　アンケートにより課題や優位性等が浮き彫りになり、沖縄そばの今後の海外展開に貴重な資料になると思われることから、今回のアンケートは大変有意義であったと考えている。

国籍（総数53）　イタリア（40）　フランス（4）　スイス（3）　アメリカ（2）　インド（2）
ルーマニア（1）　中国（1）

性別（総数53）　男性（37）　女性（16）

年齢（総数53）　一〇代（19）　二〇代（6）　三〇代（3）　四〇代（11）　五〇代（9）
六〇代（4）　七〇代（1）

①　沖縄県を知っていますか？（総数53）
知っている（13）　知らない（40）

②　沖縄そばとパスタ風、どちらが美味しかったですか？（総数53）

沖縄そば（20）　パスタ風（15）　設問なし（18）（一日目は汁そばのみ提供）

③　どちらも冷凍麺でしたが気が付きましたか（総数53）

気付いていた（6）　気付かなかった（47）

④　コシ・歯ごたえについて？（総数53）

硬い（3）　良い（47）　柔らかい（3）

⑤　デュラムセモリナ製のパスタの代用として使えますか？（総数53）

使える（31）　使えない（22）

⑥　沖縄そばを使って料理してみたいですか？（総数53）

はい（48）　いいえ（5）

まとめとして、国籍は地元イタリアが圧倒的に多く五三人中四〇名（七五％）、性別では男性が五三名中三七人（七〇％）、年齢では一〇代が五三名中一九人（三六％）、四〇代が一一人で二一％、五〇代が九人で一七％占めている。一〇代の若い世代と働き盛りの四〇代及び五〇代から沖縄そばが好印象を持たれていることは心強い。沖縄県を知っているかとの問いには五三人中四〇名（七五％）が知らないと答えている。小さな沖縄の認知度は予想通り低かった。

a　初めての味わいに笑顔
b　手前の中国人も美味しいと応えた
c　会場内のボランティアも舌鼓
d　麺の不毛地であるインド人もびっくり
e　アンケートを記入する地元男性
f、g　農業高校の教師と生徒も日本の麺に興味津々。アンケートも真剣
g　夫婦で感想を述べ合いながらアンケートに記入

沖縄そばとパスタ風について訊ねたところ、三五人中二〇人（約六〇％）が沖縄そばと答えており興味深い。インタビューでも麺の歯ごたえとスープの美味しさが良かったという意見が多かった。次問の冷凍麺に気が付いたかとの設問には五三人中四七人（約九〇％）が気付かなかったと答えており、海外展開を進めるうえで大きなヒントを得たような気がする。

コシ・歯ごたえについてはよかったが五三人中約四七人（約九〇％）で圧倒的に好印象を持っていることがわかった。デュラムセモリナ製のパスタの代用として使えるかとの設問には五三人中三一人（約六〇％）が使ってみたいという結果が示された。最後の設問、沖縄そばを使った料理については五三人中四八人（九〇％以上）の方々が興味を示しており心強い。

ミラノ博に出展準備のため、試行錯誤しながら幾度となく調理や試食を繰り返してきたが、この努力の結果が本番で示されたと思われる。アンケート結果にも記した通り、沖縄そばの試食を通し、初めて体験する未知の味に多くの来場者が好意的にとらえており、沖縄そばの今後の展開に大きな道筋を立てたと考えている。

会場の運営に際しては、当然現地購入がなされているはずの試食用の器が四〇個しか準備されてなく、一日目の試食は使い捨て容器を洗いながらのやりくりで、衛生的にも問題があった。二日目からは写真のようなプラスチックコップに変えて対応したが、現地の受け入れ態勢に問題があった。そのため当日はパスタ風を取りやめ、沖縄そばのみの提供となり、アンケートにも影響した。

三日目の試食中、イタリアの衛生当局から担当官が視察に来るとの理由で、試食を途中で打ち切り来場者に迷惑をかけた（結果的に来なかった）。試食は当然イベント会場でやる前提で参加しており、試食の中止は納得がいかなかった。イタリア側から出た命令なのか、日本側から出た命令なのか調査の必要がある。むしろ日本の食品衛生のレベルの高さを示すチャンスでもあり、堂々と安心安全な食品を提供している姿を見せるべきであった。

また、将来日本食レストランを経営したいという料理学校に通う学生四人は、沖縄そばに大変興味を示し、デモンストレーション終了後も通訳を介し、熱心に質疑応答を繰り返したが、当局から長過ぎるというクレームがあり中止せざるを得なかった。将来ミラノで沖縄そばが根付くかもしれない可能性の芽を摘み取ってしまったといっても過言ではないと思われる。彼らは午前の部と午後の部の二回もデモに参加するほどの情熱を持った若者たちだったので、こちらも誠意をもって対応したつもりであったが、結果的に質疑応答が長い（約二〇分）という理由で中止命令が出されたのは納得できなかった。

万博会場への入場について、沖縄側は正式スタッフ二人のみに入場パスが発行されたのみで、同行の平良氏と筆者夫婦は毎日入場パスを購入し入場した。入場パスの購入はホテルでも前売り券が入手できたが、毎回三一ユーロ（約四五〇〇円）×二人×四日間の出費は小さくなかった。また、セキュリティーチェックはかなり厳しく、入場する際に時間を要した。筆者は㈱サン食品の厚意で出張させていただき、現地の取材を兼ねて写真撮影とアンケート及びインタビューを行った。また、筆者の連れは全くのボランティア参加で、琉装で試食の配膳係を担当したが、仮に二人の参加がなければイベント会場での試食は大きな混雑の下、写真やアンケートの実施はおそらく不可能だったと思われる。

しかし素晴らしい出来事も多々あった。

近郊の農林高校の生徒十数人を引率してきた先生は、自分たちが毎日食べているデュラムセモリナ製の他にもさまざまな麺があり、汁そばのような調理方法があることを知り、大いに勉強になったことや、授業の一環としても素晴らしい体験であったと話してくれた。

また、イタリア人と結婚し、ミラノに住んでいる那覇市出身でピアニストの知念すぎ子さんの長男がミラノ日本人学校に在籍しており、開幕のアトラクションに花を添えてくれたが、まさかここで沖縄そばが食べられるとは思ってなく、久しぶりの沖縄そばに感動していた。来場者の多くは、パスタ風よりも沖縄そばに興味を示し、麺の歯ごたえやコシとともにスープがとてもおいしいと評判がよく、ダシは何からとっているのか、という質問が多かった。豚骨（動物系）と鰹節（魚介類系）のコラボレーションは、イタリア料理にはほとんど例がなく珍しがっていた。

冷凍茹で麺については、試食したほとんどの方が冷凍食品に気がついていなく、歯ごたえとコシに感動していたことから、沖縄そばの海外展開に大きなヒントを得たような気がした。

また、野菜の種等を販売する企業であるタキイ種苗《しゅびょう》が、ミラノ万博で日本が食を世界にアピールしていることに合わせ、在日外国人を対象に日本食についてのアンケートを行った結果、自国の人に薦めたい日本食の一位はラーメン（七七％）が、二位の寿司・刺し身（七三％）、三位のテンプラ（六七％）を抑えてトップとなったと報じている（平成二十七年五月二十二日 琉球新報参照）。

沖縄に来る外国人に同様なアンケートを行うと第一位には、おそらく沖縄そばまたはソーキそばがランクインされるのではないかと思われる。

今回、内外のバイヤーからのコンタクトはなかったが、日本食の海外進出に関するノウハウに詳しい、パソナ農援隊会長の田中康輔氏から沖縄そばのヨーロッパ進出へ向けて一緒にやりませんかという誘いを受けた。沖縄県商工労働部への接触や補助金要請等について近々来県する予定があるとのこと。ゆっくり話を聞いていただければ幸甚である。

現地イタリア・ミラノにおける万国博覧会に出展するために、事前に幾度となく冷凍沖縄そばの戻し時間やパスタ風の味付けなどの調理や試食を繰り返し本番に臨んだ。その成果はイベント会場で如何なく発揮されたが、不備な点も多かった。これらのことを踏まえて次回に対処したい。

参考文献

「麺業新聞 西日本版」二〇一五年二月十三日
「琉球新報」二〇一五年五月十四日
「沖縄タイムス」 二〇一五年五月十四日

第３章　アメリカ・カナダの沖縄そばとラーメンの普及

Diffusion of Okinawa soba and ramen in the USA and Canada

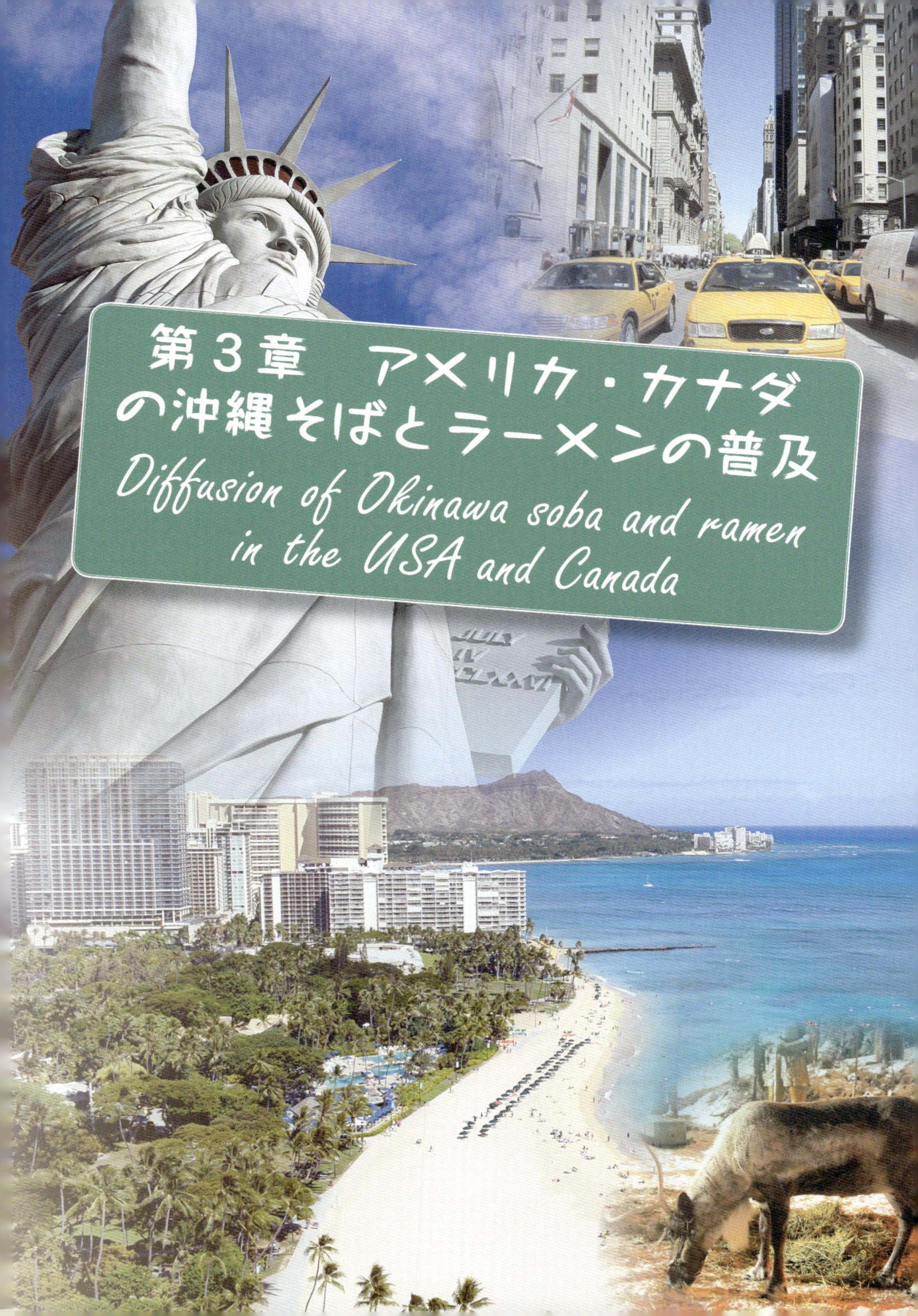

写真上：自由の女神像、イエローキャブ

写真下：ワイキキビーチとダイヤモンドヘッド、トナカイ

一　ハワイの麺（沖縄そば・ラーメン・サイミン）

かつて沖縄から多くの県民がハワイへ移民として渡ったが、それに伴い重要な食文化である沖縄そばも持ち込んだ。多くの移住者たちは当初、甘蔗の植え付けや刈り入れ等に従事していたが、中には沖縄で経験した養豚技術を生かし養豚業に転職するものが現れた。

当時、移住者たちは厳しい労働に明け暮れていたが、たまには故郷の味である沖縄そばを食べたくなるのは当然の希求であった。小麦粉の入手は容易で、豚骨や肉もかつての同僚から分けてもらえるので沖縄そばは比較的容易に作られたであろう。爾来、沖縄県出身者にとって一世の時代から今日に至るまで、沖縄そばは母県同様ソウルフードとしてハワイでも定着してきた。

さて、毎年、現地のレイバー・デー（勤労感謝の日）に合わせて「沖縄フェスティバル」が開催されるが、そこでは二日間で沖縄そばが一万食以上が消費されると聞き、これは「行かねばならぬ」と決心し現地へ飛んだ。

Sun Noodle 社の工場視察

Sun Noodle（サンヌードル）社の創業者で、社長の the 卯木栄人《うきひでひと》（一九六一年生）さんに工場を案内してもらった。夘木社長との初対面は著者が勤める沖縄県糸満市在の㈱サン食品の工場見学に来られた二〇一六年二月のことである。一見して包容力があり、頼りがいのある方だと思っていたが、イメージ通り従業員からマスターヌードルとして慕われている。奥様の恵子さんは沖縄の首里出身。そのよしみもありそれ以来メールで情報を交換し合っている。

サンヌードル社では、ラーメンを主力商品として、沖縄そば、焼きそば、サイミン（ハワイの伝統麺）、パンシット（フィリピンの麺）、餃子やワンタンの皮などを含め多くの麺類を製造している。ハワイには多くのラーメン専門店や麺を扱うレストランがあり、それぞれが麺に対し、こだわりとポリシーを持っている。

社長であり、研究者でもある夘木社長は、取引先から注文を受けると何度も試行を重ね、相手が納得するまで研究し、製品を完成させる。その熱心さが認められ、ラーメン専門店やレストランのシェアは、一〇〇％近くサンヌードル社が占めている。

他にも自社製品としてスーパーや学校給食に卸し、家庭や子供たちに本格的な麺を提供し、麺文化を発信し続けている。創業以来三十年が過ぎ、日本が世界に誇る麺の素晴らしさをハワイだけでなく、ロサンゼルスやニュージャージー州にも工場を進出させ、全米及びヨーロッパへも輸出している（ニュージャージー州の工場は後述）。

沖縄そばの製造は、現在週三回（月、木、土）に行っており、一回あたり二四袋（一袋＝五〇

工場入り口に立つ夘木社長

ラーメンや沖縄そばは全米へ発信される

サンヌードルのロゴマーク

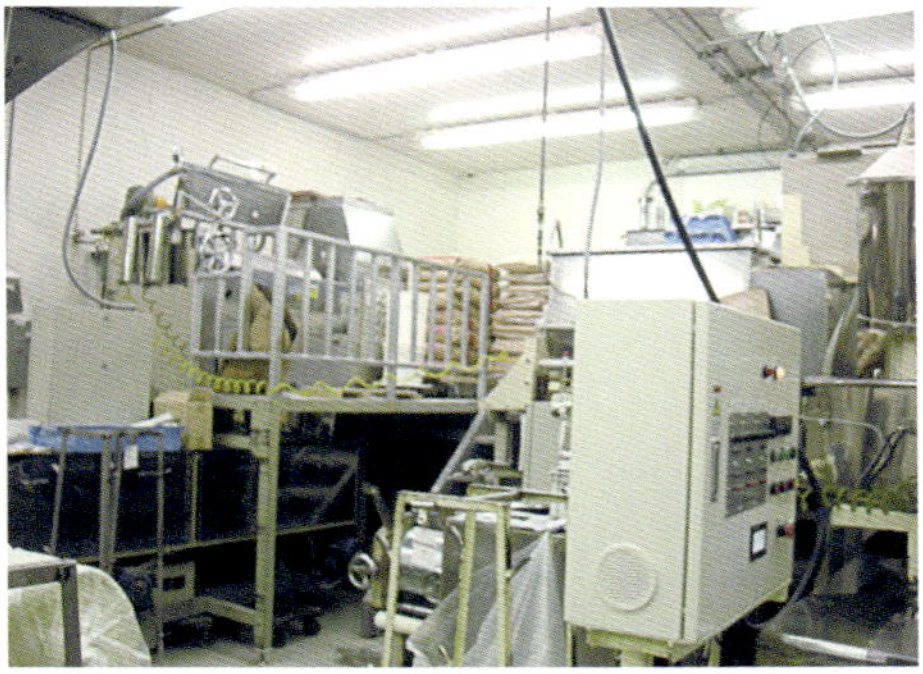
ここで小麦粉、水、かん水、塩を撹拌する

麺帯機にかけた後 45 分間熟成させる

熟成後、さらに麺帯機にかけ薄くする

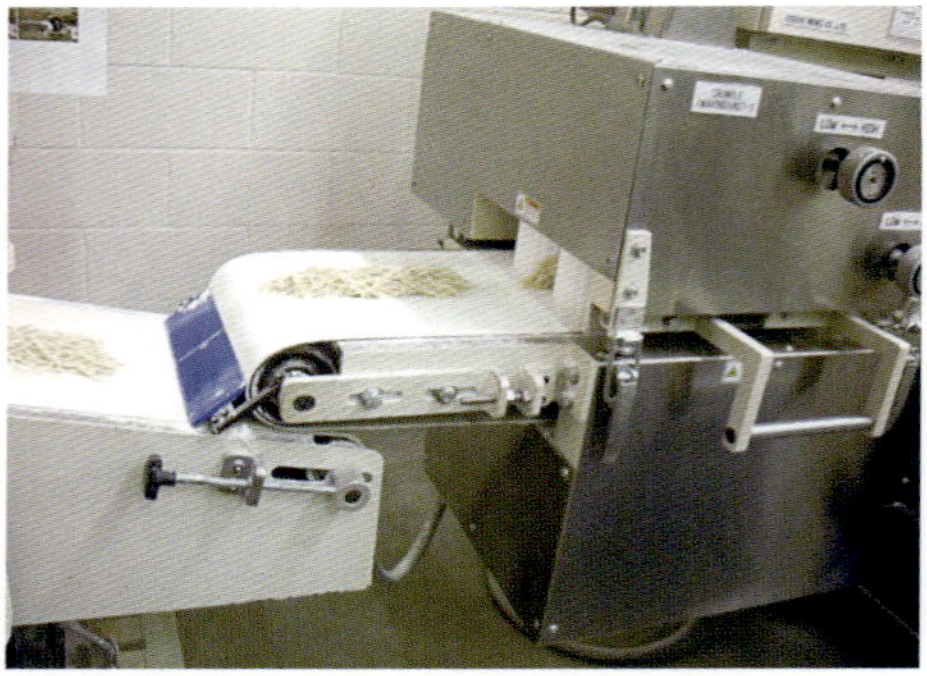

切麺機を通して麺状にし、手もみ状にする

1個ずつパックする

一袋に小袋8袋を詰める作業

これが製品

出荷前の製品は冷蔵庫で保管

これから出荷

ポンド（約二三kg）を使用する。これは約五千五〇〇食分に相当するが、これだけでは需要に応じきれないという。だからといって沖縄そばを多く製造すると他の製品にしわ寄せがくるので、今のところこの量で対応しているとのこと。

なお、五千五〇〇食分のうち、千食分がハワイでの消費に回り、四千五〇〇食分は米国本土に出荷するというから驚きだ。沖縄そばの伸びしろは十分ある。

サンヌードル本社を視察した折、丱木社長にビデオを見せてもらった。それは二〇一六年七月に全米向けに放映された沖縄そばを紹介したものであるが、ほかにも琉球舞踊や獅子舞、織物や紅型などの琉球文化の紹介や戦後、焦土と化した郷土沖縄の為、ハワイのウチナーンチュらが募金で得た五万ドルもの基金で、米国本土から豚五五〇頭を買い集め、船で沖縄へ搬送し、戦後の沖縄復興に多大なる功績を残したことなどをおりまぜながら沖縄そばをわかりやすく編集した素晴らしい内容であった。

PBS（NHKのような公共放送）の番組で、キャスターはアメリカで有名シェフでもある男性と、他の一人は丱木社長の次女・久恵さんである。彼女は沖縄の血を引く二世でバイリンガルの才媛《さいえん》だ。二人の楽しい案内で県内のそば専門店や沖縄そばのメーカーである㈱サン食品等を取材した内容で全米に放映された。

冒頭にも述べたが、ハワイ訪問の一番の目的は、二〇一六年九月三日（土）と四日（日）に開催される「沖縄フェスティバル」において一万食分の沖縄そばが販売され、それを啜るすさまじいほどの実態

サンヌードル社製の沖縄そば

守礼門のデザインがいいですね

こちらはお徳用の沖縄そば

フィリピンの麺も製造

ラーメンのスープも製造販売している

すぐ食べられるという意味の Wiki Wiki

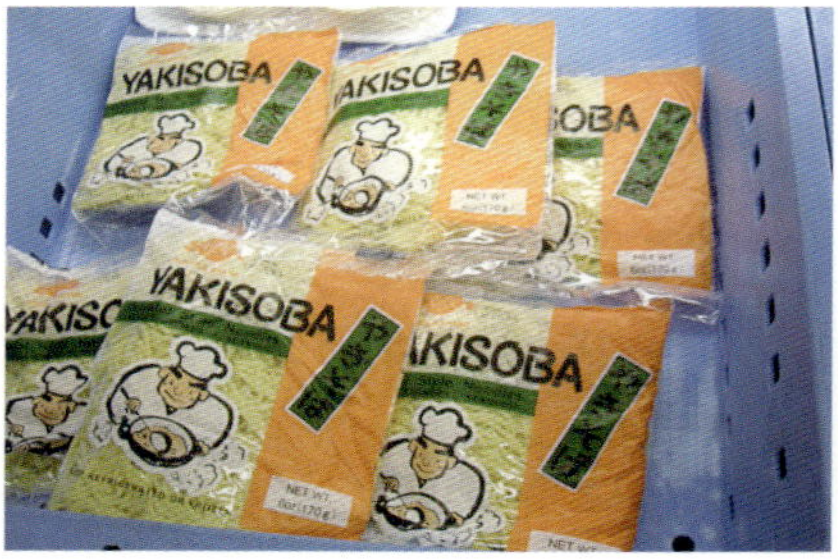

人気商品の沖縄そばの焼きそば

ハワイのオリジナル麺（サイミン）

にせまってみたいという単純な出来心からであった。

ところがいざ出発という矢先に不運な知らせが入ってきた。イベントは台風のためもろくもキャンセルになってしまった。が、すでに航空券の購入やホテルの予約はすべて済んでいたので行かざるを得なかった。

しかしながら結果的に、ハワイの沖縄そばやラーメンの普及実態のみならず、カナダのトロントやニューヨークにおけるラーメン文化の一端を垣間見る機会に恵まれたことは大きな収穫であった。

ヌードルマスター卯木栄人《うきひでひと》さんのこと

卯木栄人（一九六一年生）さんは栃木県出身。製麺会社の長男として生まれる。栃木県立壬生《みぶ》高校卒業後、徳島県の製麺会社に入社。一九八一年、単身でハワイに渡り、サンヌードル社を創設した。

そもそも栄人さんがハワイへ渡った理由が面白い。長男である彼は当然家業を継ぐと思われていたが、高校卒業後の進路に迷いがあった。そのタイミングを見はかるように父親から、「まずは社会人としての修業を積んでこい」と、半ば強制的に徳島県の製麺所へ送り込まれた。人生の転機となったのは修業中の一九八〇年のこと。知人から父親へ、「ハワイで製麺の技術指導をしてくれないか」という依頼があった。父親はすっかりその気になり、製麺機三台を先に送りハワイへ渡る準備をしていた。ところがこの話は全くの筋違いだということが事前に判明、父親はハワイへ行くのを断った。が、時すでに遅し、機械は既に送ってしまった後だった。

外国には興味と憧れがあったので栄人さんは何も考えずに、父親の代役で単身ハワイへ向かった。ろくに英語は話せない、人脈もないのに営業に没頭する毎日であったが、行く先々で日本風のコシがある麺は、「固くてまずい」「こんなのが食えるか」と酷評されショックを受け悩むのであった。

彼は、「どうすれば妥協せずに、日本の麺の美味しさを地元の人に受け入れてもらえるか」という課題に日々研鑽を重ねるのであった。時あたかも、日本からハワイに進出するラーメン店が多かったので、それらをターゲットに売り込みをかけることにした。その結果、努力は報われ少しずつ注文が増えるようになってきた。

「日本の麺の美味しさを諦めないで、それを維持してきたからこそ認められ、現在があると思います」と栄人さんは話す。

このような折、日本から進出してきた大手ラーメン店から門外不出の麺の製法を伝授され、受注することになるが、アメリカで入手できる原料では、同じ品質の製品がどうしてもできない。日本とアメリカでは小麦の種類やそれをこねる水質も異なるので、当然出来上がりも異なる。数カ月間に亘り、六〇回以上も試作を繰り返した結果、そのラーメン店から「使おう」と言って頂いた時は、本当にうれしかったという。こうした達成感こそが、この仕事の醍醐味だと栄人氏は話す。

麺の大手企業が日本からハワイに進出してきた時期があった。大資本が相手では、いくら味に自信があっても価格や生産量では太刀打ちできない。規模の小さな工場にしかできないことは何か、と考えた末に導き出した答えとして、「お客様とトコトン付き合うこと」、「ラーメン店が、その顧客の好みに向き合っているように、私たちもラーメン店の好みに向き合うべきだはないか」と。

沖縄そばへの油まぶしと冷却

滞在日程の都合上タイミングが悪く、サンヌードル社の沖縄そば製造現場を視察することは叶わなかったが、写真は夘木社長から筆者あて、帰国後電子メールで送られてきたものである。

伝統ある沖縄そばが異国の地で、本場の製造工程と寸分違わず製造されている。製品はハワイのみならず、カナダや全米に出荷されており、ニュージャージー州の新工場が完成後には、ヨーロッパ全域への進出の機会をうかがっている。そのお供として沖縄そばも期待されている。沖縄そばの世界戦略への挑戦に今しばらくサンヌードル社から目が離せない。

ご覧のように、やや〝縮れ〟がかかり独特の

麺を茹でザルで受け台に乗せる

油をまぶす

油をまぶした後扇風機で冷やす

沖縄そばの伝統を守っている

黄色みを帯びた麺はまさしく沖縄そばだ。今にも独特の良い匂いが漂ってきそうである。

沖縄そばと焼きそば（Sunrise Restaurant）

この店は以前、某テレビ局の長寿番組、「新婚さんいらっしゃい」のハワイロケに使われた場所で、地元では人気店とのこと。私たちが訪れた夜は、「沖縄フェスティバル」の前夜祭が台風のためキャンセルとなり、行場を失った面々がここに集結したことで立錐の余地もなかった。沖縄県の安慶田副知事（当時）もその中の一人であった。彼は持ちこんだ泡盛を皆に振る舞ってくれた。

コック長は旧石川市出身の玉寄さん。ハワイでこんな美味しい沖縄そばと焼きそばが食えるとは思ってもいなかった。

沖縄そば（大九$、小六$）

この麺はサンヌードル社製。程よい加減のかん水と塩で練り込まれた麺はモチモチ感とコシが抜群で本場沖縄そばもビックリだ。スープは豚骨、ソーキなどの他にトリガラや野菜なども使われているかも。企業秘密のため詳細は不明。あっさりしているがコクがあり味わい深い。ソーキは小ぶりだが砂糖醤油でしっかり煮込まれており後を引く味であった。

焼きそば（八・五$）

麺は沖縄そばの麺と同じだがボリュームに圧倒され、「これって何人前」とウエイトレスについ訊いてしまったほど。キャベツ、ネギ、アワビ茸、モヤシなど、野菜のシャキシャキ感と麺のモチモチ感、それに紅ショウガのピリッとした刺激が三位一体となり、薄塩で味付けされた焼きそばに、箸が勝手に進む逸品に仕上がっている。

ラーメン（ラーメン　ビストロ　アグー）

まさかアグーの名称がハワイまで届いているとは思わなかった。うれしいですね。いよいよアグーは世界的ブランドになったのか。アグーの骨やチャーシューを使ったラーメンかと思いきや残念ながら、現在米国は日本からの畜産物の持ち込みを禁止しており、アグーは輸入できない。経営者の上原尚《ひさし》さん（一九六一年生）は沖縄から一四歳の時にハワイへ渡り、大学を卒業後ホノルルに落ち着きラーメン店を開業し、現在四店舗目の開業に向け多忙を極めている。

メニューには残念ながら沖縄そばはなかったが、餃子とラーメンを注文した。ラーメンは「こってり味」と「醤油味」の二種類があり、それぞれを食べ比べてみた。醤油味はさっぱり系でとても美味しい。普段私は、塩分の過剰摂取を避けるためスープは飲まないようにしているが、アグーのスープはすべて飲み干してしまった。麺は冷や麦ほどの細さであるが、コシがあり、テクスチャー（噛み応え）も十分。

麺の茹で加減もよい。ハワイのラーメンはなかなか手強《てごわ》いと感じた。加齢により味覚は変化する。こってり味は私の胃には重かったが、若者にはそれなりに評価を受けるかも。餃子と二種類のラーメンを食べただけであるが、リピーターにするほどの魅力を備えているラーメンだった。当日は、白人、日系人、アジア系の人たちで賑わっていた。

記念にAGUマークが入った真っ赤なTシャツをいただいた。

アラモアナ・ショッピングセンターの新しいフードコート

ハワイに来る観光客が必ず一度は訪れるホノルルの超有名なアラモアナ・ショッピングセンター一階に、想像を絶する広さのフードコートがオープンした。五〇店舗ほどが営業しているが、日本食ブームの影響もあり、トンカツ、お好み焼き、たこ焼き、餃子などの有名店が軒を連ねている。漢字のディスプレイが目につく。麺類も趣向を凝らし集客を目指す。麺関連は一〇店舗ほどがしのぎを削っている。活気があり見ているだけでも楽しい。原材料の仕入価格、家賃や人件費、維持費などの影響もあると思われるが、日本のそれに比較するとかなり高い。が、生き残りをかけたサバイバルゲームは果てしなく続く。業界発展のためには理想的な環境だろう。やがてハワイ生まれの新しい麺文化が誕生するかも。

a、b　Sunrise Restaurant の沖縄そば小（麺に注目）。沖縄そばを使った焼きそば、これは旨い

c　アグーの看板を指す筆者

d、e　あっさり系の醤油味（13 $）とこってり味（16 $）

f　アラモアナ・ショッピングセンターの新しいフードコート

g　フードコートの店にNo.が打たれて一目でわかる

a b
c d
e
f g

a　フードコートのラーメンは一杯二千円以上のものも

a	b
c	d
e	
f	g

a　フードコートのラーメンは一杯二千円以上のものも
b　頑張るイタリアン
c　珍しい和牛のカツカレー
d　こちらはソーメン
e　うどんと丼物のセット
f、g　電光ディスプレイのメニュー

サイミン（パレス　サイミン）

サイミンは伝統あるハワイの麺であるが、どういう麺だろうか、ラーメン風か、沖縄そば風か、と長い間気にかかっていた。サイミンのミンは麺が変化したものであることは想像がつくが、サイが解らない。私は勝手にソーミンが訛ってサイミンになったのではないかと、何の根拠もなく勝手に決めていた。

パレス　サイミンの経営者は新垣さんでワンタン作りが専門。従業員のヨシコさんもウチナーンチュ。私たちが店に入ったのは、一二時前だったが既に大方の席は埋まっていた。男女を問わず、ハワイアン、日系人などさまざまな人たちがサイミンを啜っていた。

ウチナーンチュのよしみで厨房を覗かせてもらった。きれいに整理整頓されとても清潔

パレス　サイミンの店頭で

ワンタンが載ったサイミン

ハワイ在住60年のヨシコさん（左）

笑顔が素敵な経営者の新垣さん

だ。冗談を交わしながら、しばし沖縄談義に花を咲かせた楽しい時間だった。

スープは豚骨に干しエビやショウガをたっぷり入れ時間をかけて旨みを引き出す。トッピングにチャーシューの細切りとワンタンを載せるところがこの店の特徴だ。ワンタンは餡がたっぷり入っており、これをワサビ醤油のタレにつけて食べるのがパレス流。ワンタンの皮やサイミンの麺はサンヌードル社製でコシやテクスチャーもよく、スープとの相性は抜群だ。サイミンのスープには、和風と沖縄風があり、和風ダシはカツオ節、昆布、シイタケからとる。ここのはまさしく沖縄風だ。前述した沖縄そばを紹介したビデオでも述べていたがサイミンと沖縄そばのスープは似ているとの説明だった。

食べ終わって帰るころには駐車場は満杯だった。人気店であることがうかがえた。

これまで見てきたように、ハワイでは沖縄を含む日系移民が持ち込んだと思われる、うどん、そば、沖縄そばなどの麺文化が、今まさに百花繚乱のごとく咲き乱れている。

中でもアラモアナ・ショッピングセンターにおける麺の普及ぶりには目を見張るものがあった。もちろん観光で来た日本人、韓国人、中国人がラーメンやうどんを啜りに来たことは否めないが、現地の人たちも上手な箸使いで麺を啜っている。また、ホノルル市内の高級ショッピング店街でも一カ月の家賃が四〇〇万円もするところでラーメン専門店が健闘している現実を見ると、このブームを一過性に終わらせたくない気持ちは私だけではないだろう。多くのラーメン専門店から麺の注文を引き受けている、サンヌードル社の今後の活躍を期待したい。

二「沖縄フェスティバル」の沖縄そば

「第三十五回沖縄フェスティバル」（主催・ハワイ沖縄連合会）が二〇一七年九月二日（土）、三日（日）の二日間にわたり、米国ハワイ州ホノルル市のカピオラニ公園で開催された。昨年も同フェスティバルで提供さる沖縄そばの取材目的でハワイへ渡ったが、残念ながら台風の直撃を心配するあまり中止となった（実際には台風の影響は全くなかった）。フェスティバルが開催されて三十年余、中止になったのは初めてのケースとのこと。で、今年も懲りずにやって来たという次第。

ホノルルに着いて目を引くのは市内の至る所に「Okinawan Festival（オキナワンフェスティバル）」ののぼりが翻っていることだ。それはそうでしょう。ハワイでの沖縄関係イベントの中で最も規模が大きく毎年四万人ほどが祭りに足を運ぶという。

二日（土）の一〇時頃から地元住民らは、家族連れでカピオラニ公園を訪れ、琉球民謡、舞踊、エイサー、空手などの伝統芸能や、沖縄そば、焼きそば、サーターアンダギー、アンダギードッグ、テビチ汁などの沖縄料理に舌鼓を打った。最終日の三日（日）はメインイベントの夏川りみショーが開かれ、一曲ごとに盛大な拍手がおくられた。

さて、参加者四万人のうち四人に一人が沖縄そばを食べると一万食は可能な数字だ（毎年一万食販売）。ハワイはさすがに洗練された国民性で、ちゃんと並んで目的のものを購入する。中でも一際行列の長いのが、沖縄そばとアンダギーだ。私は沖縄そばのドン尻に並んだ。あらかじめ入れられた麺と具が入ったプラスチック製の容器に熱いスープをそそぐだけなので、列はどんどん進む。しかし次から次に並ぶので列は途切れることなく一日中延々と続く。

一杯一〇$（約千百円）のそばは飛ぶように売れる。テントの中の厨房は、容器にそばと具を入れる人、スープをそそぐ人、売る人、それぞれ息をつく暇もないくらいだ。地元のハワイ人、日本人、ウチナーンチュ、アメリカ人らしき黒人や白人らが一杯、二杯、中には数杯まとめて買う人もいる。いよいよ沖縄そばは国際的になった。

私は購入した人たちを追って写真を撮る。食べている人たちに「沖縄そばはおいしいですか？」と訊《たず》ねて歩く。フードコートは準備されてないので、それぞれ木陰に座りそばを啜っている。日差しは結構強いが湿度は低いので木陰に入るととても涼しい。かつて沖縄では、美味しいこと、美しいこと、素晴らしいことは何でも「ハワイヤッサー！（ハワイだね！）」といっていたが、どこにいても蒸し暑い沖縄に比べ、木陰に入ると涼しいハワイは文字通り「ハワイヤッサー！」を実感する。

ハワイの人々は自然を非常に大切にする国民性があるようだ。至る所に公園があり、道路沿いには並木が植えられ、芝生や樹木の管理が行き届いている。そのため雑草は見当たらない。やはり世界一のリゾート地であるだけに環境にはことのほか、気を遣っているようだ。

そんな、カピオラニ公園の木陰で食べる沖縄そばの一杯は格別であった。

a、b　炎天下にかかわらず沖縄そばのコーナーには人垣が

c　二列渋滞で延々と続く沖縄そばコーナー

d、f、g　テントの中の厨房は忙しい。予め容器に入れて準備をする。沖縄地図のTシャツが良いね

e　祭りに間に合わせ大忙しの製麺風景（写真提供：サンヌードル社）

a b
c d
e
f g

h i
j k
l
m n

h～j、l～n　沖縄そばを美味しそうに啜るハワイの人たち

k　一杯約 1,000 円也の沖縄そば。味はいいですよ

ピーター　ルーガー（Peter Luger）のステーキ

二〇一六年九月十二日、ニューヨークのブルックリンにある、世界一のステーキハウスといわれる「ピーター　ルーガー（Peter Luger）」のステーキを味わう幸運に恵まれた。一八八七年創業だから一二九年の歴史がある。現在でもステーキ店として世界一のランクを誇っている。世界中から客がやってくる人気店だがネットでの予約は受け付けず、電話予約のみという。ディナーの予約は数カ月先まで埋まっているらしいが、私達は夘木社長ご夫妻と長男の健《けん》士《し》郎《ろう》ご夫妻の尽力により幸運にも美味しいステーキを味わうことが出来た。

予約済みでも受け付けに来訪を告げる。メンバー全員が揃うまでテーブルに着席することはできない。しばらくしてやっと席に着くと、先ず運ばれてくるのが、オニオンブレッド。これを先に食べると肝心のステーキが食えなくなるので一個のみにしたが、これが旨い。外側はパリッとしているが中はしっとりしている。

ここのビールは自家製で美味しいと評判であるが、その夜は優雅にワインにした。

さて、いよいよメインディッシュの登場だ。ミディアムレアで注文した名物Tボーンステーキ、

駐車場の案内板

左から舛木社長ご夫妻、筆者夫妻、健士郎氏

前菜のサラダとベーコンのグリル

Tボーン2枚、テンダーロインとフィレが人数分

サーロイン、テンダーロインのセットだ。六名分が一皿に盛られているが、肉の厚さが半端ではない。三㎝以上はある。ウエイターがうやうやしく各自の皿へ取り分けてくれる。レディーファーストだ。

　炭火で焼かれたと思われる。表面には焦げ目があるが、中は肉汁たっぷりでジューシー、すばらしいピンク色の肉に感動。適度な弾力もありながら、噛むととても柔らかい。

　ここでは選び抜かれたビーフをドライエージング（冷蔵熟

オーストリア人のウエイター

ウエイターが各自のお皿へ取り分けてくれる

これが一人前、手前はスピナッチ（ホウレンソウ）

帰り際にツーショット

成）している。日本の国宝ともいえる和牛の霜降り肉もたまには良いが毎日は食えない。ここのビーフの旨さは噛みしめるほど熟成された独特の旨味が口中に広がる。ここのステーキなら毎日でもいけそうだ。

私は肉食系だが、久しぶりに美味しく、ボリュームがあるステーキに満足した一晩だった。最後にデザートが二点、チョコパフェと生クリームのケーキ、さすがにこれはギブアップ。アメリカ人が太るのは無理もない。

ピーター　ルーガーは、昔ながらのステーキ屋さんで、地元の方々に愛されている雰囲気だ。私たちのテーブルのウエイターはオーストリア人のとてもユーモアあふれる大きなお腹の男性で元獣医師とのことだった。真偽のほどはわからないが、同業者のよしみもあって楽しいひと時を過ごすことができた。古き良きアメリカを感じることができる評判通りのステーキハウスだった。

三　ニューヨークにおけるラーメンブーム

現在、ニューヨーク及びその近郊（車で一時間圏内）のレストラン検索サイトでラーメン店を検索すると約五〇〇軒以上の店舗が出てくるというから、ラーメンブームのすさまじさがうかがわれる。その内、生麺を使用するラーメン専門店が約七〇軒、冷凍麺を使用する専門店が約二〇軒、自家製麺が五軒となっている。他にも居酒屋や寿司屋のサイドメニューとしてラーメンが提供されている。専門店のオーナーは日系が約四割、それ以外が約六割となっている。

ニューヨークにおけるラーメンの歴史は、一九七五年Sapporo Ramenが開店しているように、以前からラーメン店は存在していたが、二〇〇四年にMomohukuが開店以降、ニューヨークにおけるラーメンの認知度が高まり、ラーメン専門店の開店数は右肩上がりとなっている。また、ラーメン以外の麺では、うどん、蕎麦、焼きそば、米粉麺（グルテンフリー）等の麺も食されている。

現在、ニューヨーク近郊では、過去五年間のような急激な増加は見込めないが、その勢いは全米の地方の大都市に流れているようである。既にこれらの都市にはラーメン専門店が五～二〇店舗存在している（資料提供：サンヌードル社　伊藤義之氏）。

アイヴァン　ラーメン・Ivan Ramen（ニューヨーク・クリントンSt.）

アイヴァンはアメリカの大学で日本語を学び学位を取得した後、日本へ渡り和食を学ぶ。二〇〇七年、最初のアイヴァン　ラーメン店を開店した。それは東京でトップラーメン屋の一つとなったが、外国人がラーメン店を開設したのは初めてのことで評判になった。

二〇一〇年に二件目の店、二〇一二年にニューヨークにアイヴァン　ラーメンを開設した。筆者らはそこを訪れた。細長い店内を進むと突き当たりにはテーブル席がある。既に若いアメリカ人のアベックと韓国人らしい奥さんとやんちゃな三歳ぐらいの男の子と赤ちゃん連れの家族がラーメンを啜っていた。旦那は赤ちゃんを抱っこしながら食べていたが、日本では見かけない風景だった。

メニューには東京塩ラーメン一六$、東京醤油ラーメン一六$、ベジタリアンラーメン一五$、スパイシー　レッド　チリ　ラーメン一六$の四種類が載っている。五名で入ったが他にもサイドメニューを注文し、皆でシェアして食べた。

醤油ラーメンと塩ラーメンの麺はライ麦粉を使用した麺である。初めて食べる味だったが、コシがやや物足りない感じがした。この麺はアイヴァンラーメン特注でサンヌードル社製である。

a　入ってみたくなるおしゃれなアプローチ
b　ラーメンのメニュー
c　東京醤油ラーメン
d　ベジタリアンラーメン
e、f　器用に箸を使ってラーメンを啜るニューヨークっ子

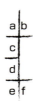

トット　ラーメン・Totto Ramen（ニューヨーク）

夕食後、有名な店があるからといって舛木社長に連れていかれたところがこの店。ここはニューヨーク在の日系ヤキトリ屋さんがはじめたラーメン店で、トリガラを使った白濁した濃厚なスープが人気の的で行列ができる店とのこと。隠し味になんと米が使われているらしく、これがよりマイルドな旨味とコクを醸し出すらしい。果たしてニューヨークで絶大な人気を誇るラーメンは私たちが食べても旨いのか、興味があった。

私たちが入店したのは既に午後一〇時を過ぎていた。いつもはこの時間帯でもなかなか空席はないらしいが、その時は空いていた。店内はウナギの寝床のように細長い。そこにはカウンター席があり、やっと人一人が通れるスペースだ。私たちはその奥のテーブル席に着いた。夕食を済ませた

店へのアプローチを横から見たところ

コックとツーショット

これが噂の鳥人丸鳥白湯ラーメン

つけ麺

後だったので、〓木社長が薦める人気メニューの『鳥人丸鳥白湯ラーメン』一〇$（約千円）を食べた。一見、天下一品系の濃厚スープのようだ。私はこってり系のスープは苦手だが、アメリカ人にはこのような濃厚なスープが受けているのだろう。

より多くのラーメン店を覗き、できるだけ多くのラーメンを啜りたいという願望はあるものの日程の都合上どうしても限度がある。今回はわずか数店しか取材できなかったが、取材したラーメン店における客のほとんどは現地の人たちであり、米国在住や日本人観光客はほとんど見かけなかった。また、ニューヨーク近郊には五〇〇軒という想像もつかないほどのラーメン専門店が存在することや、ほんの一瞬立ち会っただけであるが、ビジネスマンや一般の人たちが昼食や夕食に器用に箸を使いながらラーメンを啜っている姿を見ると、既にラーメンブームを通り越し、ラーメンという一つの食文化が完全にニューヨークをはじめとする全米に定着したといっても過言ではないような気がした。

今回の訪米では、残念ながら取材が叶わなかったホノルルの「沖縄フェスティバル」における沖縄そばの生産及び消費実態の調査に加え、ニューヨークにおけるラーメンの消費実態を改めて調査する必要があることを感じた調査であった。

四　ニューヨークのラーメンラボ

行動派の舛木社長は、「アメリカにおける正しいラーメン文化の啓発」をモットーにラーメンのプロのみだけではなく、一般人にも開かれた新しいラーメンラボを二〇一六年一月、ニューヨークにオープンさせた。舛木社長は、「ラーメンラボで行われるセミナーが、全米における麺業界を盛り上げる力になればこんな嬉しいことはない。このことがひいては自分たちのビジネスにつながることにもなる」と話してくれた。

ラーメンラボがある場所は、中国人街とイタリア人街のすぐ隣にあり、人通りも多く場所的には申し分ない。セミナーは不定期に行われているが、それ以外の日は毎日午後五時から一〇時まで一般向けに営業している。

タンメン（ラーメンラボ）

キャベツ、白菜、ニンジン、タマネギ、モヤシなどをカツオ節やサバ節、シイタケ等からとったダシ（スープにも使う）を加え炒める。味付けは塩のみ。冷凍パックされた、イカ、小エビ、豚肉など加える。ラボのコンセプト

出来上がりのタンメン

コック長の平塚さん

は誰にでもすぐに作れる美味しい麺。本格的なスープンに健康的な野菜と海産物がコラボ、麺はコシがあり、見事な一杯に仕上がっている。

ニューヨークの沖縄そば

二〇一七年一月十六日の琉球新報に、ニューヨーク通信員の比嘉良治氏が『本格沖縄そば人気エリアに「ラーメンラボ」提供』の見出しが目に留まった。それには大要次のように記されている。

麺も味も沖縄で、有名・人気どころのお店と変わりない。それどころか、それ以上の「本格沖縄そば」が、「ラーメンラボ」でこのほど、ニューヨークで若者や観光客に人気のノリータ地区にお目見えした。

「ラーメンラボ　サンヌードル　キッチン」と称するラーメン実験工房は一九八一年に夘木栄人氏がハワイで創業したサン製麺工場。いまや米西海岸カリフォルニア州ロサンゼルスの他、東部ニュージャージー州にも工場が開設されるなど、拠点を広げている。東部進出をきっかけに、副社長を務める息子の健士郎さん（三〇）が二〇一四年、ニューヨークに「ラーメンラボ」を開設した。そこは立ち食い式で一二人程度で満席となる。しかも午後五時から一〇時まで夕方から夜のみの営業で、何とも大胆な企画である。

母親はウチナーンチュで料理人だ。沖縄で本格的に沖縄そばの修行を積んだベテラン。開店前にはハワイから母親が来て味も確認した。完璧な沖縄そばとオリオンビールが飲める。

a　ラーメンラボの店頭にて琉装姿の次女の久恵さんと（左）
b　沖縄そばを売り込む
c　ソーキそば
d　ゆし豆腐そば
e　そばを食べる面々
f、g　仲のいい母親の恵子さんと長男の健士郎さん。和気あいあいのスタッフ

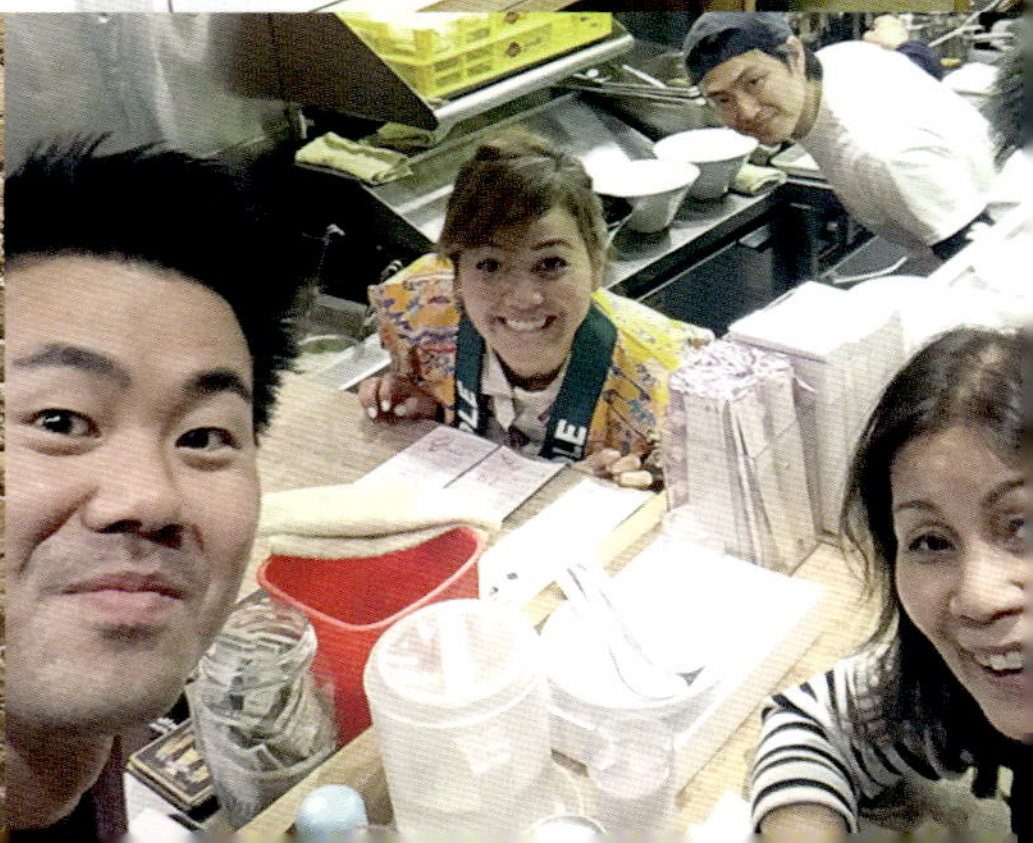

嬉しいですね。素晴らしいですね。ニューヨークで本格的な沖縄そばとオリオンビールが飲めるなんて！

このように米国本土にも沖縄そばは着実に根を下ろした。今のところラーメンはずっと先を走っているが、いつの日かラーメンに追いつき追い越して欲しいと願わずにはいられない。今後のサンヌードル社の発展に期待したい。

五　ニュージャージー州のラーメン工場見学

ホノルルに本社を置くサンヌードル社は二〇一三年、ニュージャージー州にも工場を進出させた。工場長は夘木社長の長男健士郎氏である。ここでは一日五万五千食分のラーメンのみを週六日間製造している。なんと一二〇種類のラーメンを製造しているというから驚きだ。この工場は仮の工場で、今年中には広大な新工場へ移転する予定になっている。

新工場予定地は現工場から少し離れた場所にあるが、そこは以前、有名なポロの縫製工場跡である。建物の面積だけで四千一八〇㎡という広さだ。その敷地と建物を一括して購入したというから凄い。サンヌードル社は文字通り日の出の勢いである。

さっと工場内を見てきたが、小さな工場から一

工場長の夘木健士郎氏

コンピューターで小麦粉、塩、水、かん水を調整

撹拌機を覗く夘木社長

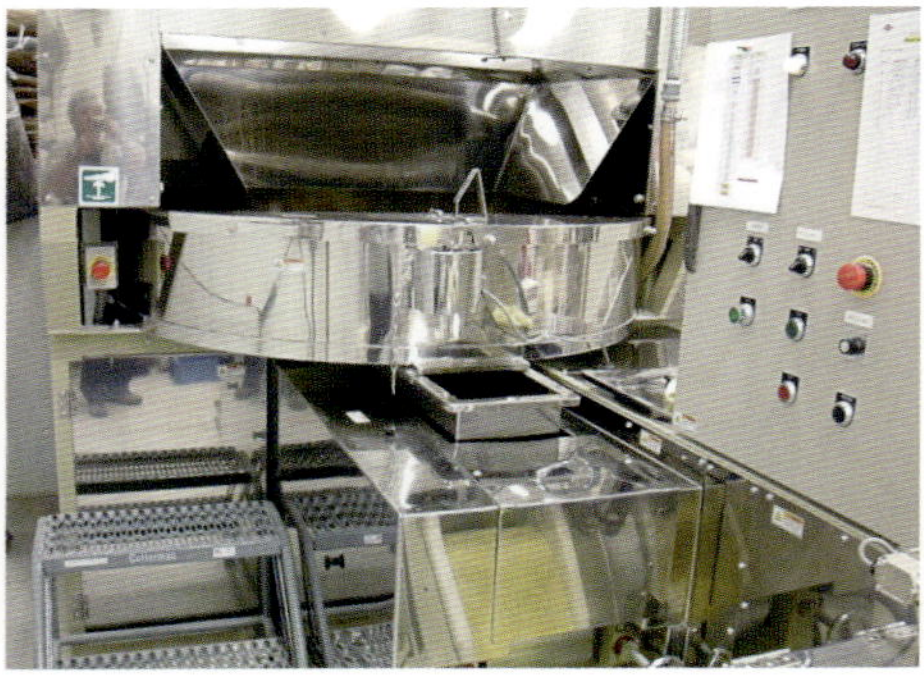

十分にこねたドゥは麺帯機に流される

麺帯機で薄く延ばされる

ビニールをかけ 45 分間熟成差させる

熟成後の麺帯をさらに薄くする

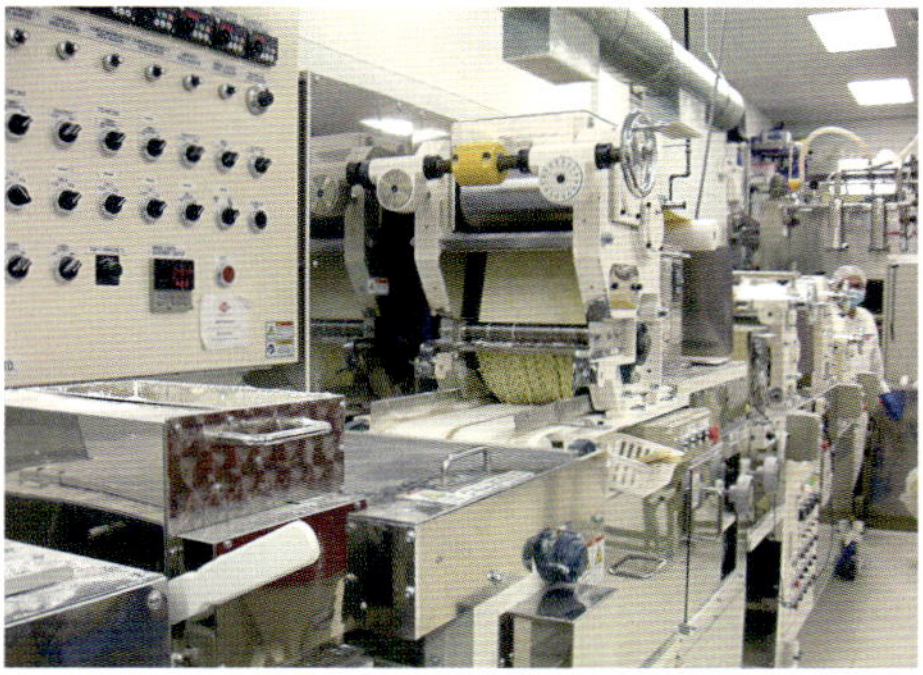

切麺とよりをかける

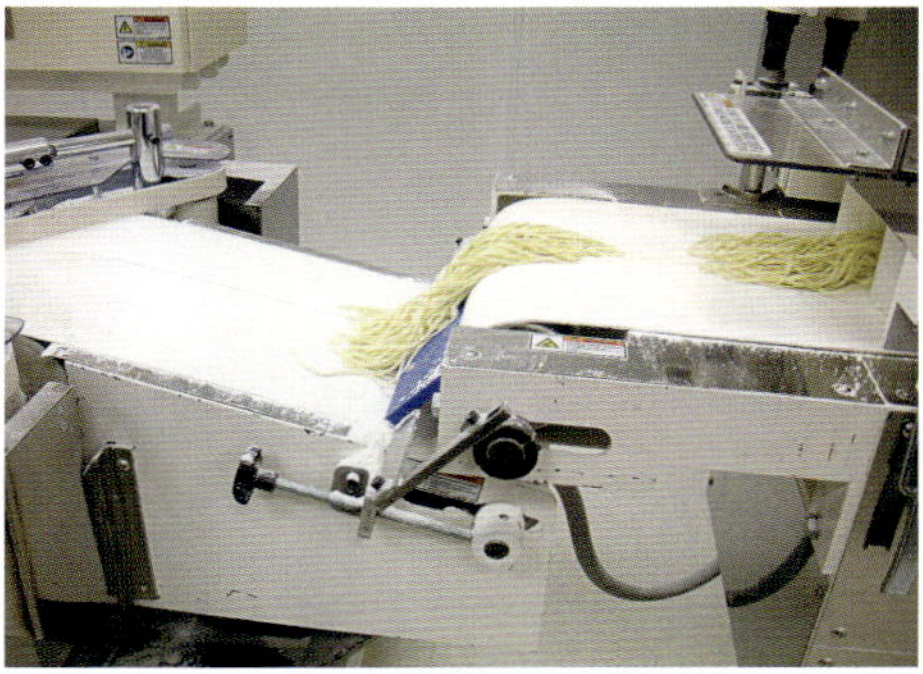

一定の長さに切断

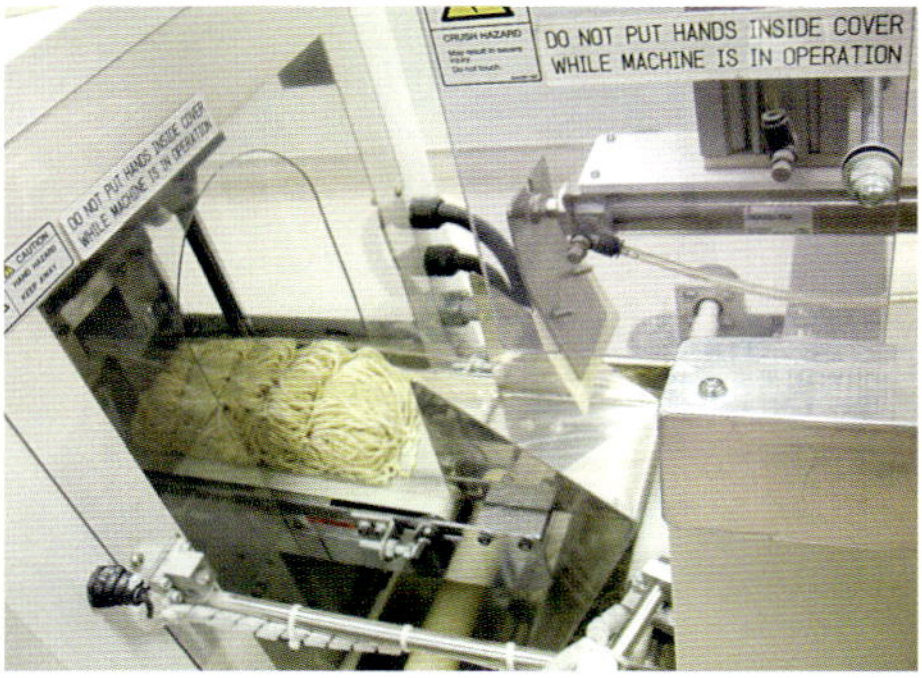

一個ずつパックする

まとめて箱詰め

日当たり五万五千食ものラーメンが生産され、ニューヨーク市内のラーメン専門店やスーパーへの卸しのほか、ドイツ、フランス、イギリス、スペイン、ベルギー、イタリア、スイスなどヨーロッパ各地へ輸出している。

後述するが、サンヌードル社はロサンゼルスにも工場を開設しているが、この工場は次女の久恵さんが責任者となり、日産六万食のラーメンを生産している。それはすべて全米向けに出荷している。

アメリカのラーメンブームと若き二代目

ニューヨークのラーメンブームの勢いはとどまるところを知らない。その一翼を担うのは、ハワイのサンヌードル社だ。創業以来、常に先を読み、戦略を繰り出してきたサンヌードルが、今や全米否、ヨーロッパへもターゲットを広げ世界中をラーメンブームの渦に巻き込んでいる。これからのラーメンの新常識は既に、サンヌードル社の手中にあり、そのかじ取りを任せられているのが、幼い頃からヌードルボーイと呼ばれるサンヌードル社の若き二代目夘《う》木《き》健《けん》士《し》郎《ろう》さんだ。

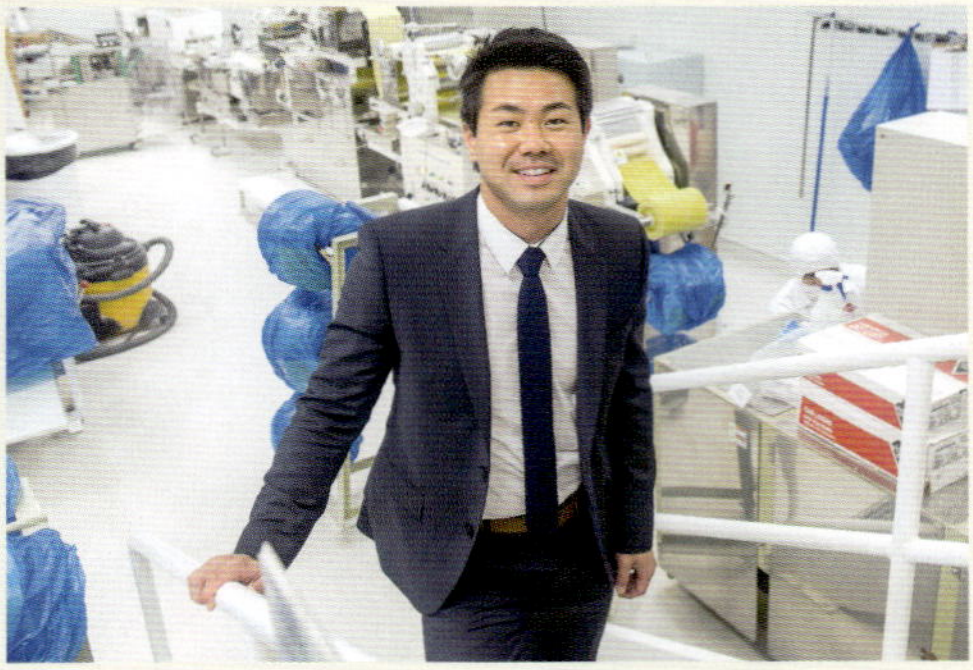

サンヌードル社の若大将、夘木健士郎さん
（写真提供：夘木栄人氏）

サンヌードル社は、アメリカ本土のラーメンブーム突入前の二〇〇四年には、いち早くロサンゼルスに第二工場を進出させ、急増する需要に万全の態勢で臨んだ。二〇一二年には東海岸にも冷凍麺ではなく新鮮な生麺を届けるためにニュージャージー州に工場を建設した。この工場責任者が健士郎さんである。

ニュージャージー州の新工場

二〇〇四年に開設したロサンゼルス工場では、当時生産していた冷凍麺をニューヨークへ空輸していたが、ニューヨークのラーメン店からは生麺の要望が強く、これに呼応するようにニュージャージー州の工場を立ち上げた。だが、ニュージャージー州の旧工場は土地・建物とも借り物だったため、新工場を造るべく適当な物件を探していたところ、有名なポロの縫製工場の土地・建物が売りに出されているのを知り、決断力が早い夘木社長は即刻これを購入した。

内部の改装を済ませ、日本から新しい製麺機を導入し二〇一七年五月から操業を開始している。旧工場では一日当たり五万五千食だったが、現在一日当たり九万食を生産している。

新工場の全景

工場の内部

ニューヨークの約七割のラーメン店がここで生産されている生麺を利用しているが、人気の理由は店舗ごとにメニューを変えるカスタマイズ方式を採っていることが大きい。

テキサス、シカゴのラインから東海岸への業務用ラーメン及び全米向けの小売用ラーメンを製造、さらにイギリス、フランス、ベルギー、スイス、イタリア、スペイン等ヨーロッパ向けの業務用ラーメンを製造している。

そして二〇一五年、全米きってのオーガニック・グルメスーパーマーケット「Whole Foods Market（以下ホールフーズ）のノースイースト地区とタッグを組み、「化学調味料フリー」のラーメンキットの発売を開始した。何事にも先手必勝、ラーメンを「健康食」へ格上げした健士郎さんの手腕に敬服する。ホールフーズには健康志向のアメリカ人がこぞって通う。全米に三〇〇店舗以上展開しているが、その厳しい基準をクリアした商品だけが店頭に並ぶことができる。ニューヨークでは日常食としての普及には「ヘルシー」というキーワードが絶対条件だ。ニューヨークにおいて、ホールフーズの店頭にラーメンが並ぶということは、ラーメン業界における大きなターニングポイントとだったといえよう。

斬新なメニューやおしゃれな店構えで、味にもサービスにもうるさいニューヨーカーたちの胃袋と心を満足させている。日本とは異なり、ラーメンは高級感のあるトレンディーな外食と認識され、一杯二〇ドル超えも珍しくない。

ホールフーズで販売されている醤油と味噌ラーメン

ニュージャージーのスーパーで売られているラーメン

しかし、一部には自宅で手軽に美味しいラーメンを楽しみたい、というニーズが確実に育っているのも間違いないといわれている。このことを見越して、健士郎さんは先手を打った。

味噌と醤油という王道のラインアップ、スープと麺二食分が五ドル九九セントという手頃な価格設定は「ラーメンを気軽に家庭で楽しめるもの」にするための大きな役割を担う。

このラーメンキットの発売は、ホールフーズからのアプローチで実現に至ったが、この情報をいち早く察知していた健士郎さんは、この企画が持ち上がる一年以上前から、化学調味料フリーのラーメンの開発に取り組んでいた。ホールフーズのイースト地区から声がかかった時がパーフェクトなタイミングとなった。

その一角に並ぶ沖縄そば

このコラボレーションのためのマーケッティング費用は総てホールフーズが賄っているとのこと。それだけにホールフーズの力の入れようがわかる。

六　カナダ・トロントの沖縄そばとラーメン

毎週月曜日の沖縄タイムス及び琉球新報には海外のウチナーンチュ情報が掲載されている。筆者も愛読者の一人である。中でも各国の県人会が、沖縄料理を持ち寄りレクリエーションやピクニックなどを開催し、親睦をはかっている記事には目が点になる。特に沖縄そばの活字が目につくとなおさらである。もう数年前になるが、カナダのトロントに沖縄のりょう次グループが居酒屋Ryojiを開店し、沖縄そばを始め、ゴーヤーチャンプルー、ソーミンチャンプルーなどのメニューでウチナーンチュのみならず現地カナディアンたちを魅了している記事を読み、いずれ訪れてみたいという希望を抱いていた。その念願がやっと叶い、ハワイへ行くついでにと軽い気持ちで考えていたのが浅はかだった。ホノルルからシカゴまで約八時間、シカゴからトロントまではさらに二時間もかかる。ハワイとの時差は五時間もある。

空港に迎えに来てくれたのは、サンヌードル社の夘木社長が手配してくれたニュージャージー工場のジョージさんと伊藤さん。レンタカーだったので三日間とても楽しく過ごさせていただいた。二日目はナイアガラの滝まで案内していただき感謝感激。

RAMEN & IZAKAYA Ryoji（トロント）

二〇一六年九月九日、予約通り午後六時、Ryojiを訪ね二人に会った。もらった名刺にはディレクター・上地耕太、ヘッドチーフ・辻 貴宏と記されている。二人とも若い。上地さんは一九七八年生まれというからまだ三八歳だ。現在、奥様とこども三名（女一一歳と八歳、男四歳）、男の子はカナダ産。いよいよウチナーンチュも国際的だ。そもそもりょう次グループの金城良次社長がカナダのトロントへ出店した理由が面白い。金城さんは若いころ、ワーキングホリデーでトロントにしばらく住んだことがあり、とても気に入っていた。将来、トロントに住みたいという夢を実現したのがこの店というわけだ。羨ましいですね。株を募り会社を興し、いよいよトロントへ進出。そこで店長として白羽の矢が立ったのが上地さんである。

堂々とした店構えのRyoji

店をオープンさせたのが、平成二十五年（二〇一三年）一月。以来、Ryojiはトロント在住のウチナーンチュ（約七〇名）の心の拠り処としてなくてはならない存在となっている。

小橋川慧《あきら》さんは琉球大学を卒業した後、フルブライト留学

沖縄ソーキそば（12 $）

コック長の辻さん（左）と店長の上地さん（右）

生として米国へ渡り、帰国して一時、琉大で教鞭と執ったこともある。一九六九年からカナダへ移り住むことになる。現在はトロントの沖縄県人会長をしており、沖縄タイムスのトロント特派員としても活躍中である。小橋川先生の楽しみは、Ryojiで沖縄そばや琉球料理を食べることだという。

Ryojiでは、月一回、バーベキューを中心にオキナワンナイトを開催している。県人会会員はもとより、トロント在住の日本人やカナダ人も入り混じり、琉球民謡やサンシンが鳴り響き、踊り出す人たちで店内は想像を絶する盛り上がりを見せるそうである。素晴らしいですね。ウチナーンチュの心意気ここにありです。

メニューには、沖縄そばはもちろんのこと、ミミガーのピーナッツあえ、ラフテー、島豆腐、ジーマーミ豆腐、豆腐よう、サーターアンダギーなど、ここがカナダとは思えない沖縄の味が揃っている。

Ryojiの客層は、八〇％がカナディアンで、二〇％がウチナーンチュや日本人というから、今や完全に地元に定着している。ここトロントでもラーメンブームであるが、沖縄そばもその中にあってラーメンに負けないほど健闘している。

沖縄ソーキそばのスープは豚骨とカツオダシで本格的だが、私には少しからかった。しかし、現地の人には定着しているようで、在住の日本人にも受け入れられている。麺はコシがありなかなか美味しかった。Ryojiの沖縄そばやラーメンはサンヌードル社製の麺であった。ことのほか、身たっぷりのソーキが美味しかった。

「りょう次」さんには、トロントのみならずバンクーバーや米国本土にも進出し、沖縄そばを始めとする琉球料理を世界中に発信してもらいたい。Ryojiスタッフのフレンドリーな接客態度、店内の和気あいあいとしたアットホームな雰囲気や店の繁盛ぶりを見るにつけ、また料理の美味しさを味わうにつけ、さらなる発展を予期した一晩だった。

その夜集まってくれた面々

沖縄そばを食べるトロント在住の女性

鏡花ラーメン（トロント郊外）

トロント市郊外の住宅街に位置するラーメン店。大きな道路に面しており、交通量は多い。私たちが入店したのは一二時前であった。どうやら私たちが一番乗りのようだが、店を退去する頃には客はかなり入っていた。

私たちのグループは六名だったが、多くのラーメンを味わうためには、各人の注文がダブらないようにオーダーするのが肝要だ。それをシェアして食べる方法が最も効率が良い。しかし、オーダーしたラーメンが一斉に登場するので筆記が間に合わない。言い訳になるが、それぞれの麺についてのコメントはお許しいただきたい。

それにしてもカナディアンが巧みに箸を使ってラーメンを啜る場面に遭遇、いよいよラーメンブームもここに至りと感じた次第。

ラーメンのスープには、豚骨とトリガラ、魚とトリガラ、トリガラと昆布や野菜の組み合わせなど客の好みに合わせ

豚+鶏、魚+鶏、鶏のみのスープの案内板が面白い

鏡花ラーメンのアプローチ

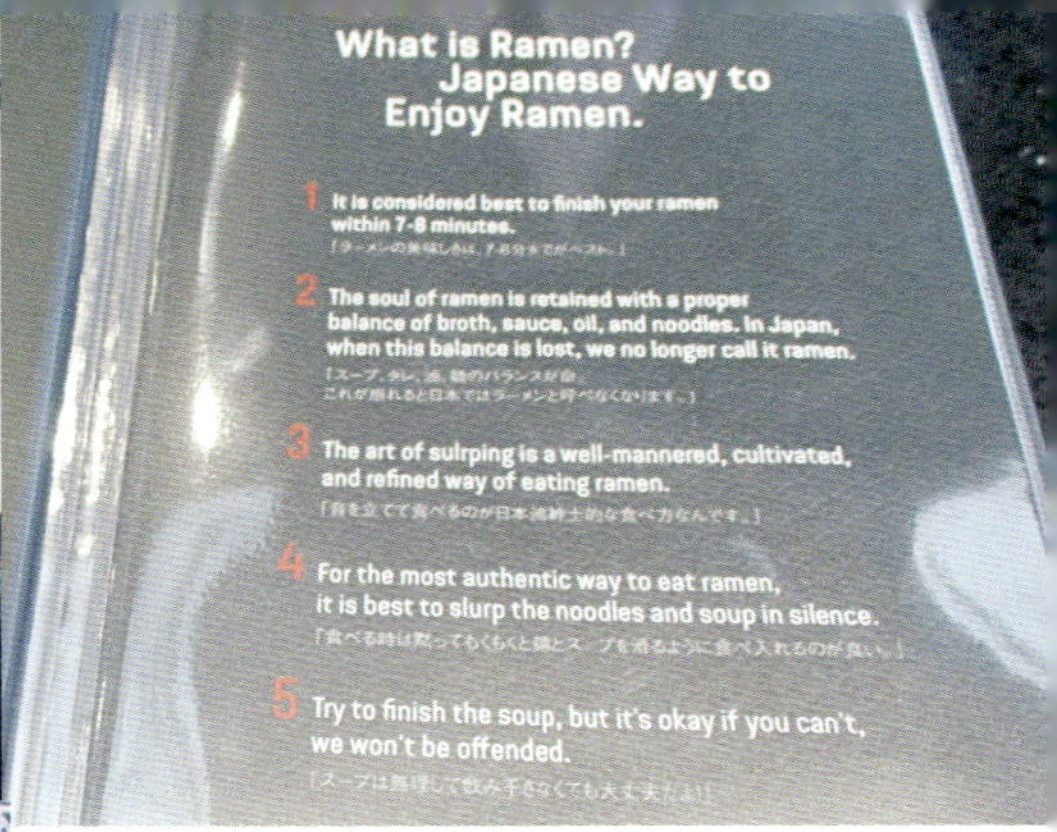

a b
c
d
e f

a　醤油ラーメン

b　ラーメンを美味しく食べる口上

c　塩ラーメン

d　ベジタリアンラーメン、スープなしのピリ辛麺

e　やや癖のあるアンチョビラーメン

f　皆でシェアするラーメンは旨い。完食

て提供できる態勢を整えている。これはかなりラーメン文化が進んでいる証左だろう。麺や具もそれぞれのスープに対応できるよう準備されている。

厨房内では最も忙しくなる正午に十分対応できるようコックは鍛えられている。だから私たちのように一斉に六種類の麺を注文しても間違いなく対応してくれる。

また、店内は日本のラーメン店のように特有の豚臭さは微塵も感じられないし、テーブルはきれいに拭かれ肪《あぶら》っ気が全くない。すべてに清掃が行き届きとても気持ちが良い。もちろん厨房もとても清潔に維持されている。

カナダのラーメン文化はかなり高水準に達していると感じた。

あとがき

　ウチナーンチュとともにブラジルに渡った沖縄そばは、県系人や日系人のみならず現地の人々に食され、しかもカンポグランデ市の食の文化遺産として登録され、駅舎を改造したフェイラで定期的にソバリア（そば市）が開かれ賑わっている。

　また、隣国ボリビア・コロニアオキナワで開催された入植六十周年フェスティバルにおける県系人が沖縄そばを作り、現地の人たちがこれを啜る幸せそうな顔を見たとき、ウチナーンチュはとんでもない沖縄の食文化を南米に根付かせたものだと感心するとともに誇らしく思った。

　できれば、アルゼンチンやペルーまで足を延ばし取材をしたかったが、残念ながらそこまでの財力と時間的余裕はなかった。

　一方、二〇一六年九月に開催されたハワイの「オキナワンフェスティバル」に参加する機会があった。このフェスティバルにはなんと沖縄そばが二日間で一万食も提供されるとの情報があり、これはなんとしてもいかねばならないと思い、航空券とホテルを予約し出発を待ったが、幸運の女神は私に微笑むことなく、いざ出発というときに現地は台風のためフェスティバルは中止との情報が入った。やむなく目的を失したままハワイへ飛んだ。

　もうこうなると執念だ。二〇一七年も懲りずに参加したが、フェスティバルにおける、沖縄そばの人気のすさまじさは私の筆力では文字で表せない。本文と写真でご理解いただければ幸せである。

　カナダのトロントにある「居酒屋りょう次」（上地耕太店長）では、ハワイで作られている沖縄そばを取り寄せ、沖縄そばやソーキそばを提供している。現地のウチナーンチュはもちろんカナダっ子も箸を使いながら器用にそれを食べている。また、シンガポールの「居酒屋 ニライカナイ」（内間貴之店長）では、沖縄から定期的に沖縄そばの生麺を空輸してもらい、店で提供し好評を博している。また、グアムの「琉球居酒屋 北谷家」でも沖縄そばは観光客から評判がいいとの情報がネットで紹介されている。

さらに台湾・台北市や中国・福建省でも近々沖縄そば専門店が開設される予定とのことが県内の新聞に紹介されていた。これから渡ろうとする沖縄そばの活躍に期待したい。

そろそろ紙面が尽きてきた。㈱サン食品に参与として二〇一四年四月一日付で採用されたが、その年の八月、土肥健一社長（当時）にダメモトと思い、南米出張を相談したところ、快諾してくださった。続いて翌年の二〇一五年五月、イタリアのミラノで開催された食をテーマとした「万国博覧会」にも出張が許された。このような厚遇をどう表現していいかわからない。土肥健一会長にはこのページをお借りして心より感謝の意を表する次第である。

また、ハワイ、トロント、ニューヨークの沖縄そば及びラーメンの製造、消費実態の調査に同行して下さったサンヌードル社長の卯木栄人・恵子ご夫妻には心から感謝申し上げます。

出版を引き受けていただいた㈱東洋企画印刷社長大城孝様及び懇切丁寧に編集を担当してくださった福谷育史様には心より感謝申し上げたい。

平川 宗隆

二〇一八年五月吉日

著者略歴

平川　宗隆（ひらかわ・むねたか）

博士（学術）・獣医師・調理師・旅食人《がちまいたびんちゅ》
昭和20年8月23日生。昭和44年日本獣医畜産大学獣医学科卒業、
平成20年鹿児島大学大学院連合農学研究科後期博士課程修了。
昭和44年琉球政府厚生局入庁、昭和47年国際協力事業団・青年
海外協力隊員としてインド国へ派遣（2年間）、昭和49年帰国後、
沖縄県農林水産部畜産課、中央食肉衛生検査所々長等を歴任し、
平成18年3月に定年退職
現在、沖縄調理師専門学校講師。（一社）沖縄そば発展継承の会 顧問

著　書

『沖縄トイレ世替わり』ボーダーインク 2000年
『今日もあまはい くまはい』ボーダーインク 2001年
『沖縄の山羊文化誌』ボーダーインク 2003年
『山羊の出番だ』編著　沖縄山羊文化振興会 2004年
『豚国・おきなわ』那覇出版社 2005年
『沖縄でなぜヤギが愛されるのか』ボーダーインク 2009年
『Dr. 平川の沖縄・アジア麺喰い紀行』楽園計画 2013年
『ステーキに恋して』ボーダーインク 2015年
『復活のアグー』ボーダーインク 2016年

世界に広がる沖縄SOBA

二〇一八年六月三日　発行

著　者　平川　宗隆
制作印刷　㈱東洋企画印刷
発売元　編集工房東洋企画
〒九〇一―〇三〇六
沖縄県糸満市西崎町四丁目二一―五
電話　〇九八―九九五―四四四四

ISBN978-4-905412-87-8　C0426　￥1200E